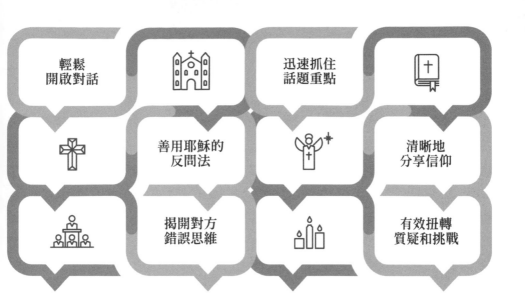

輕鬆
開啟對話

迅速抓住
話題重點

善用耶穌的
反問法

清晰地
分享信仰

揭開對方
錯誤思維

有效扭轉
質疑和挑戰

這樣說，
跟誰都能聊信仰

TACTICS

A Game Plan for Discussing
Your Christian Convictions

不冷場、不對抗、不尷尬，
聰明又友善的溝通法則。

Gregory Koukl

格雷戈里・科克爾 —— 著　陳建宏 —— 譯

牧者、傳道、同工一致好評

有時候，我們難以逃避信仰對話的關鍵時刻，我們想為耶穌做見證、澄清他人對基督徒與教會的誤解，但又不想與人面紅耳赤的爭論！

這本書幫助所有想真誠開啟福音信仰對話的上帝兒女，我們既能為耶穌做見證，也可以在別人的鞋子裡，溫柔地放下一顆小石頭，激發他們思考耶穌！這讓我們可以效法耶穌基督的服事，祂透過真誠地聆聽與提問與人對話，將天國之道栽植人心！

——林呈旭，台北真理堂主任牧師

對每一位基督徒來說，一本可以實際幫助我們學習用智慧和愛心來分享信仰的書籍絕對會是極大的幫助。而藉由此書，你將發現自己可以更加自信、理性地應對挑戰並同時是在保持尊重和同理心的初衷之下進行傳講福音。我相信它將徹底改變你與人討論信仰的方式。

——晏信中，Asia for JESUS 共同創辦人暨理事長

這是我一直在等待的書！我喜歡與非基督徒進行對話，但心中總會擔心：「如果我卡住了，該怎麼辦呢？」這本書幫助我放下這種擔憂，並給了我在對話中巧妙應對的實用工具。我熱情地推薦這本書，它將為你與非基督徒的對話帶來革命性的改變。

——肖恩・麥道衛（Sean McDowell）
拜歐拉大學（Biola Univeresity）神學院副教授

在一個充斥著反基督教言論的社會中，這本書能夠幫助基督徒以清晰、堅實且不冒犯的方式，應對現今對基督教信仰的挑戰。

——諾曼・賈斯勒（Norm Geisler）

《有果效的福音對話》作者

科克爾是一位溝通策略大師。我不認為有誰比他更盡心盡力、有效且巧妙地傳達基督教信仰。在這本書中，他分享了經過實踐和驗證的方法和技巧。精通他的策略將使你成為基督更有力的使者。

——威廉・克雷格（William Lane Craig）

神學家、「合理的信仰」事工負責人

正如所有軍事學院需要戰術課程一樣，科克爾的這本書也應該成為所有基督徒和教會的必備培訓教材。科克爾透過教導我們如何表達信仰，為辯護信仰作出了寶貴的貢獻。這是一個風趣且引人入勝的基督徒裝備資源，既有閱讀的樂趣，也有實踐的樂趣。

——漢尼・葛夫漢克（Hank Hanegraaff）

美國基督教研究院院長

科克爾是一位富有智慧、經驗豐富且處於第一線的辯護者。我很高興推薦這本充滿實用見解和細心指導、巧妙而引人入勝地傳達基督信仰的書。

——保羅・科潘（Paul Copan），基督教神學家和分析哲學家

魯益師曾說:「任何傻瓜都能寫得文謅謅;白話文才是真正的考驗。」在這本書中,科克爾輕鬆通過了魯益師的考驗。他發展出一種讓人記憶深刻且實用的方法,讓所有基督徒在日常對話中都能成為引人入勝且有說服力的福音大使,不論他們的職業是什麼。這本書是每個深思熟慮的基督徒的必讀之選。

——傑・理查茲(Jay W. Richards),神學家、哲學家

讀了這本書,你可能會難以放下!這本書提供了許多經過驗證的方法,採用了簡單、易於應用的技巧,可以開啟自然且非對抗性的對話,給未信者一些值得思考的東西。這是一本洞察力豐富的書,我強烈推薦。

——蓋瑞・哈伯馬斯(Gary R. Habermas)
耶穌研究權威、基督教大學Liberty University特聘研究教授

憑藉畢生經驗,科克爾寫下了一本與非信徒談論基督教信仰的權威著作,能幫助應對信徒分享信仰時出現的實際情況。科克爾提醒我們,只知道為何相信是不夠的,還要知道如何應付各種挑戰情況來傳達這些信仰。這本書充分展示了如何做到這一點。

——莫爾蘭德(J. P. Moreland)
塔爾伯特神學院(Talbot School)特聘哲學教授

格雷格・科克爾多年來一直在我們的山頂學生中使用這本書提供的方法,效果極佳。他的建議、插圖和傳福音的方式都行之有效。這是一本文情並茂、實用且及時的書。

——大衛・諾伊貝爾(David Noebel)
山頂事工(Summit Ministries)創辦人

在這本富有智慧、引人入勝的書中，科克爾不僅深刻思考了什麼該說，還有如何說。他透過謹慎思考和引人入勝的對話技巧，提供了一個信徒訓練的計畫。如果你對如何談論信仰、如何以有意義且有效的方式回應反對意見感到困惑（我們大多數人都會），這本書是你購買、閱讀並付諸實踐的最佳選擇。

——賈斯汀·泰勒（Justin Taylor）

十架之路出版社（Crossway）高級副總裁

當我尋找能幫助我培訓基督大使的人時，我首先想到的就是科克爾。現在，他經過驗證的想法都收錄在這本書裡。我真希望二十年前就知道這些溝通策略！相信我，如果你閱讀科克爾的建議並學習他的方法，你對基督的影響力將會飛速提升。

——法蘭克·塔瑞克（Frank Turek），南方福音神學院副院長

科克爾是最優秀的基督教傳播者之一。他投入了上千小時面對質疑者和他們最棘手的問題，並發展出非常有效的技巧，能以愛和恩典將真理帶到任何對話的場面。我希望全國各地的基督徒能聚在一起學習這本重要的書，並在這個黑暗時代為福音站穩腳步。

——克雷格·哈森（Craig J. Hazen）博士

生命大學（Biola University）基督教護教學教授

| 專文推薦 |

舒適而充滿恩典地傳福音

王天佑

五股禮拜堂主任牧師

只要心裡尊主基督為聖，有人問你們心中盼望的緣由，就要常作準備，以溫柔、敬畏的心回答各人。

——彼得前書3章15節

彼得教導我們，傳福音最重要的是我們必須有「美好的生活見證」，活出「尊主基督為聖、充滿盼望」的生活樣式，這樣必會有人問我們「心中盼望的緣由」。有人會問我們：「你為什麼活得這麼有盼望、這麼喜樂、平安呢？」

當有人問我們「心中盼望的緣由」時，彼得說我們「要常做準備、用溫柔、敬畏的心回答各人」。我們應當平常就準備好要告訴他們，耶穌基督在我們裡面，成了有榮耀的盼望。

這個「準備」有很多方面，我們必須準備如何使用最短的時間分享我們「個人的得救見證」，把我們的得救見證很快而簡短地分享出來。

另一方面，很多人可能對基督信仰有興趣，但是心中有許多的「石頭」，對信仰有很多的疑惑和誤解，以致對我們的信仰產生了懷疑、不敢進一步接觸。雖然我們知道人能信耶穌是聖靈的工作，只有聖靈能讓人為罪、為義、為審判而自己責備自己，

但是，我們的責任是幫助人、引導人、除去他們心中的石頭及障礙，這是護教學很重要的目的。

　　這本書將給你傳福音撒種和耕耘的工具。作者特別強調傳福音的交流中，應當沒有緊張、焦慮、尷尬或不舒服的感覺。前面提到彼得教導我們「用溫柔、敬畏的心回答各人」，保羅也教導我們，面對抵擋福音的人，當以溫和、溫柔及忍耐相待，好讓他們可以明白真道（提摩太後書2:24-25)。許多時候我們有可能辯贏了對方，卻讓他們反而更遠離福音！

　　因此，作者強調：「傷害、羞辱，或者與同事、朋友、甚至對手一較高下，並不是基督徒的生活方式，但這是任何人都很容易陷入的常見惡習。」但願我們在面對未信者的時候，能如同耶穌所說的「靈巧像蛇、馴良像鴿子」，這也是書中提醒我們的。

　　這本書的作者逐步引導我們、制定我們的溝通法則，幫助我們在談論基督宗教信仰和價值觀時，可以舒適而充滿恩典地進行。但願讀者能透過研讀這本暢銷書，成為充滿智慧和溫柔的福音使者！

| 專文推薦 |

當耶穌遇見「踢館族」

夏昊霈
中華基督教福音協進會秘書長

　　無論你是不是基督徒，你都可以從耶穌身上挖到很多智慧。

　　耶穌在巴勒斯坦的各城各鄉，用三年多時間，四處傳講「天國」的生涯裡，時常必須面對三種人。第一種人是「門生」：他們是以十二使徒為主，跟著耶穌到處「周遊列國」的人；面對自己的學生，耶穌總用很多專屬老師的細膩解釋與說明，來教導他們明白一些道理。

　　第二種人比較像「追星族」：他們慕耶穌的名而來，想沾沾光、聽聽他會講出些什麼道理；面對這些人，耶穌很少跟他們講道理，卻時常用許多淺顯易懂的比喻，來幫助他們更深思考。至於這些追星族能否心領神會每個比喻中的箇中奧秘，就看個人「造化」了。

　　第三種人則是擺明來挑事的「踢館族」：他們不服耶穌的名氣大，就時常來找碴。這些人不只喜歡挑毛病，還時常故意設計兩難問題，試圖讓耶穌在左支右絀中，露出可供他們說嘴的破綻。但耶穌幾乎從來不跟他們細緻解釋任何道理，連比喻也不用，卻總在聆聽、瞭解對方來意後，提出一個相對應的反問，來讓對方自己反思，甚至露出破綻。

　　某個安息日，有個「手枯乾了」的人（這是那個時代對「肌肉萎縮症」的描述）被耶穌和踢館族同時撞見，踢館族就問耶穌：「安息日可以治病嗎？」偏偏當時的猶太人普遍認為，醫生在安息

日不應該開診治病，所以結果要嘛是耶穌違背猶太傳統律法，要嘛是耶穌見死不救。耶穌沒做太多解釋，只當場反問：「你們誰家的羊，在安息日掉坑裡，不會把他拽住，拉他上來呢？」耶穌間接提醒了踢館族，他們會不會是自己把猶太律法想得太死板了呢？

　　又有一天，踢館族故意把一個當場被捉姦在床的婦女帶到耶穌面前，問耶穌大家該不該用石頭打死她。如果耶穌認為不該，就違背了摩西律法對相關案例的規定，但如果耶穌認為該打死她，耶穌就會當場支持一場違背羅馬律法的私刑。大家不斷逼問下，耶穌只反問：「你們中間誰是沒有罪的，就可以先拿石頭打她。」巧妙地同時肯定了摩西律法，也沒有違反羅馬律法。結果所有人一哄而散，因為他們自己也不能違背摩西律法，卻也不能動用私刑。

　　教會發展至今兩千多年來，依然時常在面對這三種人。但如今的基督徒，早已普遍懂得怎麼細緻又有系統地「教導」別人；也不乏會善用舉例和比喻幫助人思考的。但很可惜，耶穌從來沒教過我們如何像他一樣，在面對踢館族時，謙遜地「反問問題」，好讓我們能先更多聆聽與瞭解對方，並以和善討論取代義氣之爭的實務技巧。結果，教會普遍給人喜歡講道理、喜歡證明自己是對的，甚至喜歡與人爭辯的印象。

　　格雷戈里‧科克爾的這本《這樣說，跟誰都能聊信仰》，正好為當代基督徒，補足了與人，甚至是與那些刻意與基督徒為敵的人，能夠「溫文儒雅談信仰」的技巧。但這不只是一本「技巧工具書」，更隨處藏著每位當代基督徒，都應該重新認真面對的「生命操練」與「生活實踐」的深刻省思。

　　更重要的是，每個基督徒都該更多學學，怎麼讓更多人能在與我們對話時展開自我反思，並在這些反思中，從耶穌身上挖到更多智慧！

| 專文推薦 |

好的溝通，讓人產生對福音的渴慕

張溫文

台灣學園傳道會會長

我相信體驗過耶穌所應許豐盛生命的基督徒，都願意加入傳揚福音的行列，只是常常苦惱，要如何自然地打開話題，進而啟發福音的對話。

格雷戈里提供給基督徒一系列溝通的原則，讓我們善盡「大使」的職分，使人在認識神的光譜中，越來越靠近神！

這些年來，台灣教會面對同婚議題的挑戰，如何持守信仰的核心，又可以與不同立場的人平和對話，《這樣說，跟誰都能聊信仰》提供給我們裝備，如同彼得所說：「只要心裡尊主基督為聖。有人問你們心中盼望的緣由，就要常作準備，以溫柔、敬畏的心回答各人。」（彼得後書3:15）

從這本書，我學到幾項重點：

問好問題：真誠的提問可以表達您的興趣，並且促進對方的思考。例如：「你是指什麼？」、「你是怎麼得出這個結論的？」透過好問題與聆聽，可以幫助我們合適的回應。

熟悉策略：本書提供許多策略給我們練習與使用；這讓我想到大學時期的籃球課，體育老師要我們反覆練習X戰術，佈局完成便不斷透過公式傳球，必須熟練戰術才能在上場時靈活進攻。

注意用詞：有時基督徒當久了，太習慣我們的「術語」，但是對非基督徒來說，就像聽到完全不明白的外國語言，溝通的第

一步就踢到石頭了；保羅也提醒我們「向甚麼樣的人，我就作甚麼樣的人」。所以我們需要用一般人了解的詞彙，才能達到溝通的效果。

格雷戈里多次提到，福音預工的對話過程，只要在對方的鞋子裡放顆小石頭，試著給人們一些思考的東西。我也想到另一個比喻，給人一點鹽，使人感到口渴，我們便有機會提供生命的活水。透過好的溝通對話，會讓人產生對福音的渴慕。

本書不僅訓練基督徒的思辨能力，也提供具體的實作方法，但是只有當我們跨出行動的步伐，才有可能經歷進展，不用一次到位，我們總會更加熟練的成為「神國大使」。

我很榮幸受邀閱讀書稿，很被格雷戈里的用心感動，而且他不藏私地分享自己的經驗，期望裝備基督徒能夠清除道路上的障礙，讓人走到神的面前，如同約翰為耶穌預備道路，我們也可以藉由整土、撒種和澆灌預備人心，最終可以期待收割的季節。

學園傳道會提供給基督徒傳福音的訓練時，不只學習方法，更是強調信念：「成功的見證是：靠著聖靈的大能，單單傳講基督，並將結果交託給神。」傳福音是神與人同工的歷程，我們盡上百分之百的責任，神也會百分之百的為人的得救負責。

書中提到前美國大使艾倫凱斯的一句名言，很值得成為我們的激勵：「我們不用算計勝利，也不該害怕失敗，而是履行我們的職責，將其餘的事情留給上帝。」

Content

· · · · · · · · · · ·

PART 1　聰明友善的溝通策略

獻給安娜貝絲・諾雅，
　她是我內心的光，
此外，感謝上帝恩典，
也是她這個世代的光。

前言

——●——

撒種與收割

　　我想先做一個預測，然後再給你一個承諾。首先，我要描述如果你朝著特定方向採取一些簡單的步驟，你的生活會發生重大的變化。接著，我承諾會提供你所需要的一切，確保這些變化發生。

　　我的預測是，如果你仔細閱讀這本書，並開始實踐我所教的溝通方法，即使是以你覺得舒適的速度慢慢進行，你也會發現你在與他人談論基督信仰時會出現顯著的變化。即使他們強烈反對你的觀點，你也能輕鬆自信地應對。

　　我對這個大膽預測的信心來自無數人的反饋。他們告訴我，在實踐這本書中的原則後，這正是他們的經歷。自這本書出版以來（此指英文版），我反覆聽到相同的回應。無論是高中生還是經驗豐富的基督徒，無論是害羞的新信徒還是大膽的信徒，他們都在運用這本書中的實用概念。

他們對我說：「這本書改變了我的生命。」

這些話讓我受寵若驚，也讓我謙卑，但並不讓我驚訝。這本書中的概念和方法也改變了我的生命，我相信它們也會改變你的生命。這是我的預測。

現在是做承諾的時候了。我將給你一套溝通法則，讓你在任何情況下都能自信交談，不論你知道多少，不論對方多麼有知識、多麼具攻擊性，甚至可能粗魯無禮。

十多年來，我一直在與成千上萬使用這些法則的人一起履行這個承諾。從他們的反饋中，我知道我履行了這個承諾。然而，要達到成功，你需要調整你的思維。

我希望你思考一個重要的真理：在任何收成之前，總是需要經過一個耕耘的季節。這在農業中顯而易見，在傳福音中也是如此。耶穌也說過，在收穫季節之前有撒種的季節（約翰／若望福音4:35-38）。

在人們真正親近基督之前，通常需要一段時間（如果他們願意，或許是一個季節）來思考福音，反覆琢磨，想知道它是否真實。他們可能會提出問題來試探，甚至表現出一些抗拒，但他們仍在思考——或許也會秘密地禱告：「上帝，祢真的存在嗎？」這正是我在加州大學讀書時所經歷的。

當這種情況出現在某人的生活中時，就是你我進行耕耘工作的機會。法蘭西斯·薛佛（Francis Schaeffer）稱之為「福音預工」（pre-evangelism）。回顧我幾十年來事奉主的經歷——通過寫作、演講、廣播和電視節目——我意識到我的工作主要是撒種和耕耘，而不是收割。

當我意識到良好的耕耘是豐收的關鍵時，我的方法開始轉變。我認為，如果我能成為一個更好的園丁，並教導別人如何更

好地耕耘，那麼最終的豐收也會更好。這道理非常簡單。

但是，為了做到這一點，我需要一些我還沒擁有的東西。這些東西無法從書籍、課程或會議中學到。我需要一種與他人建立聯繫的方法，一個從內容到對話的橋梁，從學術研究到人際關係的連結。

這就是我在這本書中要帶給你的，我將給你撒種和耕耘的工具。我的溝通法則遵循保羅（保祿）在〈歌羅西書〉（哥羅森書）4章5-6節中的模式，他說：「你們跟非信徒來往要有智慧，要把握機會。講話要溫和風趣，好像用鹽調和，要知道該怎樣回答每一個人所提出的問題。」

注意保羅教導中的三個元素。首先，他說「要聰明」，充分利用每一刻，但要小心行事。緩慢、低調地來，機靈而不遲鈍。其次，他說「要友善」，表現出溫暖，溫和地探索，保持冷靜和耐心。記住，如果有人發火，你就輸了。最後，他說「要有策略」，根據每個人的特殊情況調整你的論述。每種情況都不同，每個人都是獨特的，要以這種方式對待他們。

那我們該怎麼做呢？如何以不奇怪、不突兀的方式開始對話，避免卡住或陷入困境？如何避免讓自己感到愚蠢或使福音顯得愚蠢？

我會告訴你。你需要一種方法，一個策略性的溝通法則，既易於遵循又為每個人量身定制──「好像用鹽調和」。我在這本書中教給你的原則，將使你能夠做到保羅所建議的事情：聰明、友善、有策略。

當我與人談論屬靈事物時，我並不是在試圖與他們達成交易。我只是想為他們的生活撒下種子，讓他們思考。如果我能做到這一點，我就滿足了，因為我知道他們終究是在上帝的手中。

　　請包涵我混合了各種比喻，我不認為你需要打全壘打，甚至不需要擔心是否上壘。我只是想讓你進入打擊區，而我們的溝通法則將帶你到達那裡。

　　然後，我們可以坐看上帝會怎麼做。

編注：本書所引聖經為《和合本》及《現代中文譯本》，並根據原文語意選擇呈現。另，本書出現的聖經名詞（如章節名、人名）在全書首次出現時，以基督新教、天主教通用譯名對照的方式呈現，方便讀者閱讀。

聰明友善的
溝通策略

CHAPTER 1

———•———

你想要外交還是開戰？

　　對許多信徒來說，護教（就是為基督宗教提供支持理由或證據）的聲譽並不佳。護教者的職責是捍衛信仰，駁斥錯誤觀點，摧毀反對上帝知識的論點。這聽起來像是一場戰鬥的宣言：準備好，裝上刺刀，裝填武器，瞄準，開火。因此，信徒和非信徒常將護教與衝突聯繫在一起也就不足為奇了。護教者不進行對話，他們戰鬥。

　　除了形象問題外，基督徒在回應質疑和挑戰時，還面臨另一個障礙。對懷疑論者來說，忽略我們的真理、否認我們的主張，或者簡單地打個哈欠走開，是很容易的。但有時他們不會走開，反而會留下來開戰。這時，我們進入戰場，面對一連串難以應對的反對意見。我們忽略了參戰的首要原則——絕對不要對一支更強大的部隊進行正面攻擊。結果，我們失去平衡，夾著尾巴逃

跑，也許再也不會回來。這種情況是否聽起來很耳熟呢？

　　我想提出一種「更卓越的方式」。耶穌說過，當你發現自己像是狼群中的一隻羊時，要「像蛇一樣機警，像鴿子一樣溫馴」（馬太／瑪竇福音 10:16）。即使存在真正的戰爭[1]，我也認為我們應該採取更像外交而不是開戰的應對方式。

　　在本書中，我想教導你如何成為一個外交家，能夠在危險的交流中流暢而優雅地應對。我提出一種稱為「大使模式」的方法，這種方法強調和善的好奇心（即一種輕鬆的外交手法）而非對抗。

　　我明白，對於與他人進行有爭議的對話，人們的情感反應各不相同：有些人喜歡這種交流；有些人願意參與，但會感到緊張和不確定；還有一些人試圖完全避免。你呢？

　　無論你在這個光譜上的哪個位置，我都想幫助你。如果你像許多人一樣拿起這本書，是希望為主的國度做出改變，但不確定如何開始，我希望提供一套溝通法則，使你能以從未想過的方式參與其中，同時給你極大的安全感。

　　我將教你如何在對話中保持主導，即使你的知識有限。當人們對你的信仰提出挑戰，而你不知道該如何回應時，這並不重要，即使你是個全新的基督徒。我會介紹一些有效的技巧（我稱之為溝通策略），這將有助於你在對話中保持主導地位。讓我用一個例子來說明我的意思。

▶ 和異教徒的一場對話

　　幾年前，我和妻子在北威斯康辛州的家度假時，去了一家城

---

1. 舉例來說，請注意保羅在〈以弗所書〉6 章 10-20 節的評論。

鎮的商店,把一些照片轉成數位檔案。我注意到幫助我們的女士戴著一個大大的五角星吊墜,這是一個密教的象徵。

我指著吊墜問:「這個星星有宗教意義嗎,還是只是裝飾品?」

她回答:「有的,它有宗教意義。這五個點代表土地、風、火、水和靈魂。」然後她補充說:「我是異教徒。」

我妻子被她的坦率所震驚,忍不住笑了出來,隨即道歉:「對不起,我不是故意沒禮貌。只是我從來沒聽過有人這麼直接承認自己是異教徒。」她只聽過朋友在罵孩子時用這個詞:「進來!你們這群異教徒!」

「那麼你是威卡女巫?」我接著問。

她點頭,說自己是女巫。「這是一種大地宗教,」她解釋道:「就像美洲原住民一樣,我們尊重所有生命。」

「如果你尊重所有生命,」我冒險地說:「那麼我想你在墮胎問題上可能是支持生命的。」

她搖搖頭。「不,事實上我不是。我支持選擇權。」

我感到驚訝。「對於一個女巫來說,這不是一個不尋常的立場嗎?我是說,因為你致力於尊重所有生命。」

「你說得對,這確實很奇怪。」她承認,然後解釋說:「我知道我永遠不可能這麼做,」她指的是墮胎,「我永遠不可能殺死一個嬰兒。我不會做任何傷害別人的事情,因為這可能會反過來傷害我。」

這是對話中的一個顯著轉變,有兩個原因。首先,注意她用來描述墮胎的措辭。她自己承認墮胎是殺嬰兒。這不是我強加的說法,而是她自己的描述。我不需要說服她墮胎會奪走無辜人類的生命,她早就知道了。

　　然而，她沒有意識到的是，她坦率的承認讓我在討論中占了上風，我不會浪費這個機會。所以在接下來的對話中，我放棄了「墮胎」這個詞，而使用「殺嬰[2]」。

> 當修辭代替了內容時，要小心。當一個人試圖用巧妙的措辭來完成單靠論點無法完成的目標時，你總會知道這個人的立場是薄弱的。

　　其次，讓我感到奇怪的是，她不傷害無助孩子的第一個原因是基於自身利益——這麼做可能會對她自己不好。「這是她最好的辯解嗎？」我心想。這個論點值得深究，但我先把它忽略，轉而採取不同的策略。

　　「嗯，也許你不會做任何傷害嬰兒的事情，但其他人可能會。」我冷靜地反駁道：「我們不應該做些什麼來阻止他們殺害嬰兒嗎？」

　　她迅速回應：「我認為女人應該有選擇的權利。」

　　一般來說，像「女人應該有選擇權」這樣的主張，如果不具體說明選擇的內容，這個主張本身是模糊和不具意義的。就像說「我有權做……」這樣的話，人們不可能擁有無限制的選擇權，他們只能選擇特定的事物。而是否有權力選擇，取決於他們選擇的

---

2. 我們擁有優秀的培訓資料，幫助支持生命的人提出「墮胎是奪走寶貴人類生命」的論點。雖然可以說這就是殺嬰，但我們不鼓勵使用這個詞語。當我們在倫理、科學和哲學上擁有強力的論據時，就不希望讓人覺得我們是依賴修辭來表達觀點。但在這種情況下，支持選擇權的人引用並合法化了這個詞語。請參見《讓墮胎成為不可想像的事情》（*The Art of Pro-Life Persuasion and Precious Unborn Human Persons*）以及 www.str.org 上的其他支持生命的資料。

具體內容。

在這種情況下，事情更加不能模稜兩可。這位女士已經明確了她所指的選擇內容——用她的話來說，就是「殺嬰」。即使她個人尊重所有的生命，包括人類生命，她仍然認為女人應該有權選擇殺死自己的嬰兒。

這是她的觀點。她沒有直接用「殺嬰」這個詞語來陳述她的信念，但這顯然就是她的信念。

當你注意到這種奇怪或矛盾的情況時，不要讓它們潛伏在陰影中，你應該提出一個澄清的問題或請求，把這些隱藏的想法或矛盾公開、明確地展現出來。這就是我接下來所做的。

「你的意思是女人應該有權選擇殺死自己的嬰兒嗎？」

「嗯……」她思考了一下。「我認為在這個問題上應該考慮所有情況。」

「好，請告訴我：什麼樣的考慮會使殺嬰變得合理？」

「亂倫。」她回答。

我對她的回答並不感到驚訝，因為這是支持墮胎的遊說手冊的一部分，但我不希望你錯過一些重要的東西。

這位年輕女士正在使用支持墮胎的標準口號來表達她的觀點：女人有選擇權，應該考慮所有面向，亂倫可以成為墮胎的理由。然而，在這種情況下，她的口號並不是抽象地捍衛墮胎，而是明確地宣揚殺嬰。

這個事實對她來說沒有幫助，因為她的口號妨礙了她的思考，她只是機械地重複她的台詞而沒有深思。但從我的角度來看，我們這樣的對話聽起來有點奇怪。

這樣的情況不斷發生，無論在哪一邊的立場。我們拿出我們的口號——無論是世俗的還是宗教的——讓這些口號取代本應進

行的謹慎深刻的對話。這種習慣掩蓋了我們言辭的完整意義（或是對這種情況的影響）。

我決定將對話推進一步，希望打破口號的魔咒。

「讓我看看我是否理解你的觀點，」我說：「假設我身邊有一個因為亂倫而懷孕生下的兩歲孩子，在你的觀點中，我應該有權殺死她，是這樣嗎？」

這最後的問題使她愣住了。儘管這種想法顯然是荒謬的，她對她支持墮胎的信念仍然深信不疑，但她無法用簡單的口號來回應我的問題，只能停下來思考自己陷入的困境。最後她說：「對這件事，我有矛盾的感覺。」這是她所能給出的最好回應。

當然，她這麼說是表示某種讓步，但這是一個非常薄弱的回應（就像在說：「殺死一個兩歲的孩子？哎呀，你在這方面打敗我了，我得好好想一想」）。

「我希望如此。」我只能這樣說。

此時，我注意到一長排顧客正在我身後。我意識到我們的對話打擾到她的工作，而我的短暫機會已經結束。

確實，我還沒有講到福音，但這並不是這次對話的目標。這不是一個福音時刻，而是涉及到一個重要道德問題的撒種時刻。是時候放棄說服、把她託付給主，然後繼續前進了。

▶ 從中學到的功課

我希望你注意到這次簡短邂逅中的一些事情。首先，這場交流中沒有緊張、焦慮或尷尬的感覺；沒有劃出警戒線，也沒有人積極捍衛他們的地盤。沒有對抗、沒有防守，也沒有不舒服的氣氛。

對話順暢而自然。我感到輕鬆，她也是。這就是我喜歡的方式。我不想吵架，原因很簡單：如果有人發火，我就輸了。人們在生氣的時候傾向於不改變他們的想法。

其次，即使在輕鬆的氛圍中，我在整個對話中都掌握主動權。我能夠保持冷靜而深思熟慮，使用三個重要的策略（這是我將在本書中詳細解釋的溝通策略）來探索這位年輕女士的想法，並挑戰她的錯誤思維。

首先，我提出了七個具體的問題。我使用這些問題來開始對話（「那個星星有宗教意義嗎，還是只是飾品？」）並從她那裡獲取資訊（「那麼你是女巫？」）。然後，我用問題揭示了我認為她回應中的弱點（「你的意思是女人應該有權選擇殺死自己的嬰兒嗎？」）。

我還輕輕挑戰了她觀點中的不一致和矛盾性。一方面，她是一個尊重所有生命的女巫；另一方面，她在墮胎問題上是支持選擇權的，而她坦率地稱之為殺嬰。

第三，我試著幫她看到她信念的邏輯結果。對她來說，亂倫是合理的殺嬰理由，但當我問她出於同樣的原因合理殺死一個蹣跚學步的孩子時，她卻猶豫了——即使從嚴格意義上講，這與她的觀點完全一致。

我希望你注意到我們對話的最後一點是至關重要的：威斯康辛的女巫做了大部分的事，我所做的唯一努力是注意她的回應並引導這場交流朝我想要的方向發展，這一點對我來說一點都不難，因為我使用了我的溝通策略。

另外，我對身為一個園丁（進行撒種、耕耘工作而不是強求季節到來前的收割³）感到很自在。我沒有強迫將福音加入我們的談話，那會顯得不自然、造作且沒有助益。我充分利用了這個機

會，知道在那一刻她是我的任務，但最終她是上帝的責任。我把
她交給主，然後繼續前進。

這就是擅用策略的威力：在對話中保持主導地位，以便你可
以引導討論，揭開錯誤思維，並在此過程中提出更有效的替代方
案。

無論你的能力如何，只要學習本書中的方法，你就可以在對
話中像我一樣輕鬆地掌控。我已經教導了成千上萬個像你一樣的
人學會這些概念，並讓他們準備好以信心和能力進行有意義的、
有成果的、關於屬靈事物的對話。

你可以成為基督的得力大使。唯一需要的是你詳閱後面章節
中的指南，並應用所學的知識。

▶ 21 世紀的基督大使

在任何時代，作為基督的代表都需要具備三項技能。

首先，基督大使要擁有完成任務所需的基本知識。他們必須
瞭解上帝國度的核心訊息，以及如何應對在傳福音時遇到的各種
挑戰和障礙。

然而，僅僅擁有準確的訊息對於耶穌的追隨者來說是不夠
的。我們的知識還**需要智慧來調和**，使我們能夠清晰而有說服
力地傳達這些訊息。這需要使用外交官的工具，而不是戰士的武
器；需要策略性的技能，而不是蠻力。

最後，我們的品格可以成就或斷送我們的使命。知識和智慧
都包含在一個人身上，但如果這個人不能展現出他所事奉的君主

---

3. 我在前言中講述了撒種與收割的概念。如果你還沒有看過，請不要錯過。

的美德，那將破壞他的訊息並妨礙他的努力。

在與非信徒的每一次有效交流中，這三項技能——知識，一個準確瞭解的頭腦；智慧，一種巧妙的方法；品格，一種吸引人的方式——都將發揮作用。其中第二項技能「策略智慧」正是本書的主要焦點。

請記住，戰略和策略是不同的。戰略涉及大規模的操作，以及在交戰前自身的定位。

這個概念如何應用於我們作為基督大使的情況呢？身為耶穌的追隨者，我們擁有巨大的戰略優勢。我們在戰場上處於有利的位置，因為我們的世界觀在嚴格的檢驗下很站得住腳，特別是考慮到其他觀點時。

我們的戰略優勢包括兩個層面。第一個層面稱為進攻型護教，透過提供支持我們觀點的理由，為基督宗教提出積極的案例，例如證明上帝的存在、基督的復活或聖經的啟示。第二個層面稱為防守型護教[4]，回應那些意圖破壞或否定基督宗教的具體挑戰，例如回應對聖經權威性和歷史可靠性的攻擊、解決關於邪惡的問題，或回應達爾文的進化論等挑戰。

請注意，當我使用這些術語時，戰略元素會聚焦在內容上。幾乎所有與捍衛基督宗教有關的書籍都採用這種方法。忠實的基督徒作家以大量信息填滿書架，應對人們能想像到的針對基督宗教的任何挑戰。然而，許多基督徒在面對質疑或挑戰時仍感到自卑。為什麼會這樣？這可能是因為他們從未接觸過這些出色的信息，因此缺乏成為良好大使的第一項技能——知識。

但我認為還有另一個原因，一些重要的東西被忽略了。一位

---

4. 有時，進攻型和防守型的護教分別被稱為積極和消極的護教。

言詞犀利的律師在法庭上辯護時需要的不僅僅是事實，他還需要知道如何善用他的知識。同樣，我們需要一套溝通法則，來巧妙地處理與他人的對話細節。這就是策略與溝通法則的用處。

▶策略：拼圖中缺失的那一塊

在二戰中，盟軍制定了一個在歐洲大陸建立據點的戰略計劃。諾曼底登陸代號為「霸主行動」，1944年6月6日，即D-day（攻擊發起日），對五個海灘（猶他、奧馬哈、戈爾德、朱諾和劍）同時進行攻擊。

然而，即使策略再精妙，也不足以贏得戰爭。正如人們常說的，魔鬼藏在細節中。士兵必須親自上陸參與戰鬥，克服障礙以獲取優勢，同時還要避開敵人的攻擊。

儘管我們採用的是外交模式而不是開戰模式，戰爭的比喻仍然有助於區分戰略和策略。策略的字面意義是「安排的藝術」，著眼於當前的即時情況，涉及對細節的有序且實際的編排。通過巧妙的策略運用，聰明的指揮官常常能夠在面對更強大的敵軍時獲得優勢。

我想，作為基督徒，你可以從中看到兩者的相似之處。你可能親身經歷過，知道福音如何改變一個人的生命，但你如何為特定的人設計特定的回應，從而在特定的情況下對其產生影響呢？

溝通策略能夠幫助你在困難對話中展現技巧。它指導你巧妙地安排資源，並提出任何人都可以使用的方法，讓你更有說服力，因為它幫助你變得更理性、更周到，而不僅僅是情感上堅持你的基督信仰。

溝通策略需要你仔細聆聽，也需要你周到回應。你必須保持

警覺，才能應對新的信息。這種方法更像是一對一的籃球比賽，而不是靜態的下棋，你需要在按照計劃進行的同時，不斷移動和調整。

我給這些策略起了各種奇怪的名字，幫助你記住它們以及它們的運作方式，例如可倫坡策略、自毀策略、掀開屋頂策略、面對學者權威的策略、就事論事策略和面對強勢者的策略等。有些策略是用來主動開啟對話，有些則是用於防守和自衛。

在接下來的幾頁，你將會看到我在與非信徒交流中所使用的策略，這些策略用來回應針對基督信仰和價值觀的常見異議、抱怨或武斷言論的真實對話案例。但我要提醒你注意一個重要的問題，所以必須停下來進行澄清。

策略並不是操縱的詭計或狡猾的伎倆。它們不是用來讓別人感到尷尬的，也不是用來迫使他人屈服於你的觀點，更不是用來貶低或羞辱那些與你意見不同的人，讓你在屬靈的成就榜上再添一筆。

> 傷害、羞辱，或者與同事、朋友、甚至對手一較高下，並不是基督徒的生活方式，但這是任何人都很容易陷入的常見惡習。　　　　　　　——休伊特（Hugh Hewitt）

我提出這個警告有兩個原因。

首先，這些策略十分強大，卻可能被濫用。當你掌握這些技巧時，很容易在交流過程中讓對方看起來很愚蠢。溝通策略可以迅速顯示出人們的一些想法是多麼不智。因此，你必須小心，不要只為了報復或攻擊他人而濫用你的策略[5]。

其次，本書中的案例是我與非信徒進行的真實對話。在敘述

中，我可能顯得比現實生活中更有進攻的感覺。當然，我並不反對使用肯定、直接或具有挑戰性的方式，但我從不打算用粗暴的態度、濫用策略或貶低他人而獲得優勢。這不僅是不禮貌的，當你擁有真理並有足夠理由相信它時，這也是不必要的。

我真正的目標是找到巧妙的方法，利用對方的錯誤思維來引導對方走向真理，同時保持寬容和仁慈。我的目標是管理，而不是操縱；是說服，而不是強迫；是技巧，而不是打鬥。我希望你也一樣。

如果你一想到要和基督徒圈子以外的人交談就感到有點緊張，讓我給你兩個鼓勵。

首先，我已經在思想市場上與挑戰者和批評者交鋒四十多年。與我交談的無神論者、異教徒、懷疑論者和各種形式的世俗主義者，都反對福音基督宗教觀點，有時甚至態度激烈而好戰，且其中許多人非常聰明。

坦白說，一開始我對此感到擔憂。我不確定我在安靜的閱讀室中學到的回應方式，是否能夠在公開場合中抵擋眾多觀眾的挑戰。然而，在一場又一場的考驗中，我發現事實和充分的理由都站在我們這一邊。大多數人（即使是聰明人）對他們反對基督宗教的立場並沒有多少思考。我是怎麼知道的呢？因為我聽過他們的反對意見。

很明顯，這些博學而聰明的人（來自各種學術和專業背景）在涉及屬靈事物時，常常犯下基本的思維錯誤。起初，這讓我非常吃驚，但我一次又一次地看到了這種現象。

---

5. 如果你在網上聽我們的播客節目（www.str.org），你會注意到我竭盡所能地不侮辱不同意見的來電者，保持友好對話。

我學到了，我們不必害怕事實或對手。花點時間，做好功課，思考這些問題。如果基督宗教是真理，那麼不管對方一開始聽起來多麼有說服力，總會在某個地方出現瑕疵——思維錯誤、一個無端任性的「事實」、一個沒有根據的結論。持續尋找，這樣的思維錯誤遲早會出現[6]。正如你很快就會看到的，正確的策略將幫助你發現並展示這些錯誤。

這裡是第二個鼓勵：你可以做到。我將向你展示如何做到這一點。我將逐步引導你制定你的溝通策略，幫助你在談論基督宗教信仰和價值觀時，可以舒適而充滿恩典地進行。以你自己的節奏前進。在你的舒適範圍內參與或開啟對話。你會發現，溝通策略為你提供了很大的安全空間。

沒錯，這個過程是一門藝術，學習任何技藝都需要時間和專注的努力。將一個不穩定的情況轉變為機會是需要練習的。如果你學會了本書中的策略，我向你保證，你將能以更清晰、更巧妙的方式來傳達真理。

如果你是一個細心的學生，在很短的時間內，你將發展出掌握主導權，並在與他人的討論中引導對話的藝術。你將學會如何在對話中遊走於地雷區，以踏穩腳步或取得優勢。你將學會成為一個更好的外交官，一個更好的基督大使。

---

6. 我要感謝已故的優秀辯護者鮑伯・巴莎迪諾（Bob Passantino，2003 年底過世）提供的卓越見解。

//　**本章學到的功課**　//

　　在這一章中，我們學到了在討論基督宗教時使用溝通策略的價值。策略能幫助你在對話中掌握主導地位，並持續你的主導地位來掌控這場對話。策略還可以幫助你在交流產生分歧時有效地控制，使你的參與看起來更像是親善而不是開戰。

　　其次，我們定義了何謂策略，並將其與戰略區分開來。戰略涉及到大局，對我們來說，這意味著信仰本身的內容、訊息，以及為什麼人們應該相信基督宗教是真實的。策略則涉及到對話本身的細節，也就是在對話中巧妙導航的藝術。

　　第三，我們瞭解了使用策略的危險性。策略不是操縱的花招、狡猾的詭計或巧妙的計謀，它不是用來貶低或羞辱他人。相反，策略是用來讓你站穩腳步、巧妙處理對話細節，並揭示一個人的錯誤思維，以便你能引導他走向真理。

　　在深入細節之前，下一章，我想先談談你可能會有的一些疑慮。

CHAPTER 2

——•——

消除對辨論的疑慮

我剛剛向你做出了承諾。我說過,如果你學到了這本書中的溝通策略,你將能夠與他人就你的基督信仰進行深度的對話。不過,到了這一步,你可能有一些顧慮。

首先,即使你小心翼翼地向他人闡述你的觀點,仍有風險會陷入爭執之中。你可能認為應該避免任何可能引發爭論的事情。

從某種意義上說,你是對的。辯論、口角和爭吵令人不愉快,而且很少能產生好的結果。在這些爭論中,我有一個普遍性的規則:**如果討論中的任何一個人生氣,你就輸了。**

我的意思是這樣的。當你生氣時,你會顯得好鬥,提高嗓門、皺眉怒視,甚至可能在對方有機會表達自己觀點之前就打斷他。這不僅不禮貌,也讓人感覺你的想法並沒有你認為的那麼好,所以你訴諸打斷和威嚇來達到目的。你開始用力量來代替說

服。這不是一個好策略。即使你成功地壓制對方、使他沉默，但你的論點從未真正令人信服。

當你生氣時，這就是你面臨的風險。但如果你保持冷靜，而對方生氣了呢？嗯，在這種情況下，你也輸了。生氣的人會變得具防衛性，而防衛的人不太能夠思考你的觀點是否具有說服力。他們太專注於捍衛自己的立場，無法考量雙方觀點的優劣。

> 始終將「保持對話友好」作為目標。有時這可能很難做到。如果你以一種有原則的、寬容的方式表達你的觀點，卻仍使對方生氣，你對這個情況無能為力。耶穌的教導有時會讓一些人感到憤怒，你只要確保兩點：冒犯對方的是你的觀點而不是你本人，引發分歧的是你的信仰而不是你的行為。

請記住，如果有人生氣，你就輸了，所以最好避免爭吵。使徒保羅明確告訴我們，作為主的代表，我們不應該是主動引發爭吵的人。相反地，對待反對我們的人，我們應該要溫和、有耐心且溫柔（提摩太／弟茂德後書2:24-25）。

然而，有些情況下，我們不應該迴避辯論。我意識到，即使是態度友好的宗教觀點或道德觀點辯論，對一些人來說似乎也是不得體的。畢竟，如果一個人是對的，那就意味著抱持不同意見的人是錯的，這聽起來帶有批判性，充滿狹隘、居高臨下和傲慢的味道。

這是非常令人遺憾的。讓我試著解釋為什麼辯論——以有原則的方式辯證真正重要的事物——實際上是一件好事。

▶ 辯論是一種美德

想像一下生活在一個你無法區分真相和謬誤的世界中：你無法分辨食物和毒藥，也無法分辨朋友和敵人。你無法分辨善惡、對錯、健康與不健康、安全與不安全。這樣的世界是危險的，你無法生存太久。

是什麼保護我們免受這樣一個世界的危險傷害？如果你是一位基督徒，你可能會說：「神的話語保護著我們。」當然，這是真的，但說這話的人可能忽略了上帝還賜給我們另一樣同樣重要的東西，如果沒有這個東西，神的話語將毫無用處。

在準確瞭解上帝經由祂的話語要傳達給我們什麼之前，我們還需要一些其他的東西。沒錯，在權威方面，聖經無庸置疑是第一位，但在認識的順序方面，還有其他東西排在前面。除非我們正確使用自己的心思意念，否則我們無法領會上帝話語的權威教導。因此，心思意念（而不是聖經）才是上帝賜給我們防範錯誤的第一道防線。

> 如果我們不按照上帝的意願正確使用我們的心思意念，
> 聖經將無法防範我們免受錯誤和邪惡的傷害。

對一些人來說，這可能是有爭議的說法，所以讓我們來仔細思考一下。為了準確理解聖經，我們的心思意念必須功能完整，並且要按照上帝設計的方式來使用它。每當我們在對聖經段落的解釋上存在分歧，提出我們的觀點為什麼比別人的更好時，就證明了這個事實。我們為我們的觀點辯護，如果辯護得好，就能分清是非曲直、真理與錯誤。

耶穌說：「你要盡心、盡性、盡意、盡力愛主 —— 你的上帝。」（馬可／馬爾谷福音12:30）全心全意去愛神並不是一個被動的過程，僅僅擁有感性的宗教思想是不夠的，它還包括了要根據啟示，用心思意念去觀察、理解神的旨意和祂所創造的世界。

在觀察這個世界的過程中，要使用什麼工具來幫助我們分辨事實和虛構？這個工具就是理性，它是我們用「心思意念」對觀察結果進行分類，並得出關於這個世界準確結論的能力。理性是上帝賜給我們獲取知識的工具之一。

通常來說，釐清事實不是一個人的事，最好和那些以有原則的方式質疑我們觀點、並提出不同意見供我們思考的人一起進行。簡而言之，有時我們彼此辯論，有時我們是沉默的合作夥伴——傾聽，不說話，但這個過程在我們的心思意念中仍在進行。

> 善於辨論的能力對於清晰的思維至關重要。這就是為什麼辨論是一件好事。辨論是一種美德，因為它幫助我們堅守真理、摒棄錯誤。

這不是理性主義，理性主義是將人的思維放在宇宙中心，並崇拜它。正好相反，這是正確地使用上帝賜給我們的能力，用來理解祂和祂所創造的世界。

▶害怕分裂

如果真理對基督宗教至關重要，而辯論的能力對認識真理至關重要，那麼當我們試圖透過深思熟慮的辨論來確定真理時，為什麼有些基督徒（包括資深的信徒）會產生抵觸情緒、甚至退縮

呢？我想到兩個原因，特別適用於教會環境中的人。

首先，有些人害怕分裂。他們說，當人們可以自由表達強烈的分歧意見，尤其是在神學問題上時，會威脅到合一與團結。因此，一旦分歧出現，就有人會跳出來制止異議，以保持和平。然而，這種方法本身也會帶來問題。

確實，基督徒有時會被無謂的辨論干擾。保羅警告我們不要在文字上辯論，也不要為愚蠢的猜測而辨論（提摩太後書2:14,23），但他也命令我們要做認真的工人，準確處理真理的信息（提摩太後書2:15）。有些分歧是至關重要的，所以保羅鄭重地囑咐我們在必要時「勸勉、督責、鼓勵、教導」（提摩太後書4:1-2）。這沒有經過一些對抗是無法完成的，但這樣的對抗不必是敵對的，分歧也不一定會威脅到真正的團結。

對聖經保持一致的思想並不意味著我們必須擁有相同的意見。即使在分歧的情況下，我們仍然可以享受基於與基督交流而建立的溫馨友誼。這也不意味著我們要為了強加一種人為的團結而放棄精煉我們知識的嘗試。相反，真正的成熟意味著學會如何以積極的方式表達異議，同時在教會中保持和諧。

基督徒抵制辯論的第二個原因是，一些信徒將所有反對言論都視為敵意，尤其當他們的觀點受到挑戰時。在一些圈子裡，對多數人重視的觀點或對受尊敬的老師提出異議而不被貼上惡意標籤，幾乎是不可能的。

這對教會來說是一種危險的態度，因為一旦有人僅因提出反對意見就被貼上心懷惡意的標籤，辯論就會被消音。如果我們排除合理的討論，就等於削弱了認識真理的能力，錯誤就會毫無約束地滋生。

基督徒不應該以這種方式對待異議。相反，我們應該學會以

有原則的方式進行辯論——公正、理性且和善。我們需要培養以文明方式反對的能力，不要將反對視為對個人的攻擊。我們還必須具備寬容的心，允許我們的觀點在證據、推理和聖經的挑戰下受到質疑。那些拒絕進行有原則辯論的人（或者更糟糕的是，他們阻止其他人這樣做）幾乎沒有機會在理解真理方面成長。

　　無謂的辯論不應威脅我們的團結，然而，許多辯論值得我們最大的努力。保羅告訴提摩太：「你要堅守我所給你的那健全的訊息」，並且「牢牢守住所交託給你那美好的事。」（提摩太後書1:13-14）他告訴提多要選擇那些能夠「用健全的教義來感化別人」的長老，來「糾正那些反對的人的錯誤」——尤其是那些必須受責斥的假教師（提多書／弟鐸書1:9, 11）。保護真理不是一件被動的事，而是需要主動而積極的參與。

　　辨論是好的、是健康的。它澄清真理，保護我們免受錯誤和宗教專制的侵害。當教會阻止有原則的辯論和思想自由流動時，結果就是膚淺的基督宗教和團結的假象。沒有人有機會練習如何以一種親切而有效的方式應對反對的觀點。這種和諧是虛構的，而不是真實的。更糟糕的是，分辨真理和謬誤的能力也喪失了。當辨論稀少，錯誤就滋生。

▶辨論有效嗎？

　　現在我想回答另一個問題：「辨論有效嗎？」簡單來說，答案是肯定的，但這需要進一步的解釋。

　　有些人懷疑使用理性是否屬靈，他們說：「畢竟，你不能透過辨論讓任何人進入天國。只有聖靈能改變叛徒的心，耶穌在這方面很清楚，他說除非天父引領他，否則沒有人能來到他這裡[1]。

沒有任何智識的辨論能夠替代罪人醒悟所需的至高恩典。」

當然，這段話的最後一句在某種程度上是完全正確的。問題是，它不夠完整，還有更多內容要補充。如果聖靈起到了關鍵作用，那麼理性和勸說都不起作用的說法就不成立。在使徒保羅看來，這兩者之間並不存在衝突。請注意：

- 保羅照習慣進會堂，連續三個安息日，根據聖經跟人家辯論，講解並證明基督必須受害，然後從死裡復活……其中有些人信了。（使徒行傳／宗徒大事錄 17:2-4）
- 每逢安息日，保羅都到會堂去，跟人家辯論，勸導猶太人和希臘人歸信。（使徒行傳 18:4）

還有許多類似的經文[2]。你可能想到自己生活中的例子：你經過深思熟慮後的行動，可能會在某人走向基督的過程中產生重大影響，甚至可能是決定性的影響。

事實是，你確實能夠透過辨論讓某人進入主的國度，這種情況毫不為奇[3]。然而，有效的論點並不是在什麼都沒有的情況下發揮作用的。

當人們說你不能透過辨論讓任何人進入天國時，通常他們心裡有替代方案。他們可能認為，表達真摯的愛、善良和接納，再加上簡單地述說福音，是更符合聖經的方法。

如果你有這樣的想法，讓我說一件可能會讓你震驚的事情：

---

1. 約翰福音（若望福音）6 章 44 節。
2. 例如：使徒行傳 26 章 8 節、28 節 23-24 節、哥林多後書 5 章 11 節。
3. 我的好朋友和暢銷書作者華勒斯（Warner Wallace）就是一個值得注意的例子，而且他只是眾多案例的其中之一。

你不能用愛使人進入天國。這是不可能的。單純的福音本身也無法完成這項工作。

我怎麼知道的呢？因為許多人受到基督徒犧牲奉獻的愛與善意對待，卻從未向救主臣服。許多人聽到了有關基督恩賜的清晰解釋，卻從未相信。

在每個情況中，都缺少了一樣東西，而一旦這東西出現，就會帶來轉變。這缺少的東西就是耶穌所提到的天父的特殊工作——將迷失的靈魂引入祂的懷抱。耶穌說：「他所賜給我的人，我連一個也不讓他們失落，而是要在末日使他們復活。」（約翰福音6:39）

因此，根據耶穌的說法，有兩個事實是確定的。首先，只有上帝的工作才能使人進入天國；其次，當上帝進行這項工作時，目標一定會實現。沒有聖靈的介入，任何論點（無論多麼有說服力）都無法改變人心。同樣，任何愛的行為或簡單地傳達福音也無法達到效果。但只要聖靈介入，就會發生戲劇性的改變。

關鍵原則是：沒有上帝的工作，什麼事都起不了作用；但在上帝的工作下，許多事物都起了作用。在聖靈的影響下，愛能夠說服；在耶穌的幫助下，論點使人信服；藉著神的力量，福音可以經由這些方法帶來轉變。

為什麼認為上帝同樣樂意使用理性論據和溫暖的愛來影響人們呢？因為愛和理性都與上帝的性格一致。那位本質就是愛的上帝（約翰一書4:8）也發出了這樣的邀請：「來吧，我們彼此辯論。」（以賽亞書1:18）因此，這兩種方法都是對祂的尊崇。

理解這個真理，使我們作為基督大使的工作變得更加容易。我們可以自信地說，每次參與辯論時，我們都有上帝作為盟友。我們的任務是盡可能清晰、優雅、有說服力地傳達福音，然後上

帝會接手我們的工作。我們可以栽種樹苗或為它灌溉，但最終的增長是由上帝賜予的（哥林多／格林多前書3:6-8）。

> 我們不是孤身一人。每個人都有一個重要的角色要發揮，而所有的壓力都在主的身上。分享福音是我們的任務，而救恩是上帝的責任。

我喜歡稱這個原則為「百分之百的神，百分之百的人」。我對自己的部分全權負責，上帝則對祂的部分完全負責。我專注於忠誠，並信任上帝的作為。我負責撒種，有些人會回應，有些人則不會。結果如何是上帝的考量，而非我的，這使我如釋重負。

當我還是一位年輕的基督徒時，我的導師的妻子從〈約翰福音〉第10章給了我一些建議。在這一章中，耶穌用一個比喻來描述聖靈的工作，如何吸引某人歸向基督。耶穌說：「我的羊聽我的聲音，我認得牠們，牠們也跟隨我。我賜給他們永恆的生命，他們不至於死亡。」（約翰福音10:27-28）

這段經文對傳福音有實際的應用[4]，因為它有助於解釋你在與他人交談時可能遇到的情況。你是否曾經注意到，有時你的話語似乎毫無回應，而在其他時候它們卻顯得非常有幫助呢？

「當我分享我的信仰時，我會注意羊群的反應。」我導師的妻子凱西告訴我：「大多數人會繼續吃草，但偶爾你會注意到，有些人抬起頭來。當他們聽到牧者的聲音時，有一個覺察的瞬間。」

---

4. 這段經文常被誤解為耶穌在談論基督徒聽到上帝的聲音，但這種解釋完全是錯誤的。在〈約翰福音〉第10章中，聽到耶穌聲音的人（約翰清楚表示這是一個比喻）是不信者，而不是信徒。請注意27-28節中的順序：羊先聽見並因此來到基督身邊（「他們跟隨我」），然後耶穌賜給他們永生。

　　凱西理解改變心靈是耶穌的工作。她確信聖靈走在她前面，因此她只是尋找那些正在尋找她的人。她在尋找那些已經對福音感到饑渴的人，那些已經被聖靈軟化了心靈的人。這些是她會花費時間的人，其他人她就放手[5]。

▶ 更謙遜的目標

　　我的信心在於，「結果如何是由上帝負責」這一事實對我有很大的幫助。我知道在引領人歸向主的過程中，我只是扮演其中的一個角色，所以我可以輕鬆地朝著這個目標邁出較小的步伐。

　　也許你會感到驚訝，但我從不定下要改變任何人信仰的目標。我的目標從來不是要使某人立即歸向基督。我有一個更謙遜的目標，也許你會考慮採納它作為你自己的目標；**我只想在對方的鞋子裡放一顆小石頭**。我希望給那個人一些值得思考的東西，一些他無法忽視的東西，因為它以一種正向的方式不斷刺激著他。

　　我們不妨以這樣的方式來考慮：當一名打擊手上場時，他的目標不是贏得比賽，因為那需要整個團隊的長時間努力。他只想著有機會上場打擊。如果他打擊成功，就可能上壘並接近得分位置。即使他沒有成功上壘，也可能將另一名打擊手送回本壘。同樣地，我從不試圖擊出獲勝的分數，我只想上場打擊，僅此而已。

　　在某些圈子裡，有些壓力讓基督大使必須盡快將事情了結，他們直奔信息的核心，傳講簡單的福音。如果對方不回應，你仍然完成了你的部分，拍拍屁股，然後繼續前進。

---

5. 耶穌也以同樣方式樹立了榜樣。當他面臨撒馬利亞人的敵意時，他簡單地略過他們，「到別的村莊去」（路加福音 9:51-56）。

　　在我看來，這並不是一個好建議。你不必在每次交流中都達成目標，你不必試圖完成每筆交易。我認為，如果你不抱著這種企圖，往往會更好。我提出這樣的建議，有很多原因。

　　首先，簡單的福音已不再簡單。是的，真理仍然是真理，它沒有改變，但世界已經發生了巨大的變化。基本的神學概念和我們用來傳達這些概念的語言，對現在的很多人來說（尤其是新一代）基本上是難以理解的。宗教口號經常代替深思熟慮的實質，使信徒的言辭顯得不吸引人、無法令人信服，甚至無效。

　　其次，對於基督信仰的異議層出不窮，比以往任何時候都多。對古典基督教有敵意的書籍帶來了複雜的挑戰，並佔據了暢銷書榜。當然，大多數人沒有讀過這些書，但他們知道這些書存在，也知道這些作者在公共媒體上非常活躍。他們確信聰明人已經發表意見並發現基督宗教有缺陷，所以他們對聽我們講話不感興趣[6]。

　　第三，並非所有基督徒都是出色的收割者。確實，有些人在說服他人接受基督方面非常有效率，擁有這種天賦的人，不需要太多努力，也不需要華麗的手法，只要簡單直接的福音信息就足夠了。這就像成熟的果實，只需輕輕一碰，就能落入籃中。但在收割之前，還需要其他的工作：園丁們要在生長季節早期辛勤勞作，直至果實成熟。

　　我希望你能思考一下耶穌在與撒瑪利亞婦人談話後，對門徒所說的話（約翰福音4:27-38）。耶穌告訴他們，儘管他們可能不相信，撒瑪利亞是一片可收割的田地。其他人已經完成了耕種，而門徒將獲得收穫，即使他們未曾參與撒種。耶穌說：「那人撒

---

6. 我們這邊也有很多書籍非常出色、深思熟慮、具學術性，對幾乎所有提出的挑戰提出有效而令人注目的反駁，但大多數人都沒有讀過它們，包括大多數基督徒。

種，這人收割。」（4:37）

在這個簡單的例子中，耶穌明確表達了三點。首先，有一個團隊在同一片田地上共同工作。其次，有兩個勞動季節：撒種季節和收割季節。第三，有兩種類型的工人：撒種者和收割者，或稱園丁和收割者。在適當的季節中，這兩者都至關重要，他們共同努力，愉快地朝著同一個目標前進，「使撒種的和收割的一同快樂」（4:36）。

這是我不希望你錯過的重點。由於果實成熟時收割很容易，而且大部分勞動都是在耕種方面，我們需要的是更多的園丁而不是收割者。這意味著即使你認為自己不是一位出色的收割者，仍然有一個適合你的位置。

我相信大多數基督徒（包括我在內）都不是收割者。相反，我們是普通的園丁，照料這片土地，以便其他人在適當的季節進行收割。一些基督徒因為在收割方面的困難而感到沮喪，甚至不願走進田地。如果你有類似的感受，請記住，即使你只撒種也可以。如果沒有像你這樣的撒種者，就不會有收割。有趣的是，我認為對一些人來說，收割之所以容易，是因為許多普通的園丁先行撒種、澆水、除草，促成了健康的生長，直到果實成熟。

在每次談話中直奔十字架的主題並不總是明智的。我這麼認為的原因是：在大多數情況下，果實還沒有成熟。非信徒可能尚未準備好。他可能剛開始考慮基督教，對他來說，傳遞一個他認為毫無意義或不可信的訊息是沒有意義的。這可能是最糟糕的結果。他會拒絕他不理解的訊息，這樣下一次他將更難接受福音。

想想你歸向基督的旅程，很有可能你不是從駐足不前直接跳到完全奉獻。相反，上帝花了一段時間與你交往。幾年前，我與一位猶太律師交談時，他不明白他為什麼需要相信耶穌（完

整的故事在第七章）。在這種情況下，我沒有要求他立即做出決定：「你想接受基督嗎？」相反，我在他的鞋子裡放了一顆小石頭——我給了他兩個需要思考的問題，在他準備好做出真正承諾之前，他需要消化重要訊息。如果他最終決定信靠耶穌，我希望這是充分知情和深思熟慮的選擇，而不是一時激動的反應，然後可能會放棄。

有一年春天，我在加州大學聖地牙哥分校，對著四百名學生發表演講。大多數人不是基督徒。我聽說校園裡的一般態度是基督徒都很愚蠢。這聽起來像是我演講的一個好開場白。

「我瞭解你們當中有許多人認為基督徒很愚蠢，」我對觀眾說：「好吧，我承認，有些人確實是。但許多非基督徒也很愚蠢，所以我不知道這對你們有何幫助。我今晚要做的是向你們展示基督教並不愚蠢。」

然後，我與他們分享了我的謙虛目標。「我今晚不是來改變你們的信仰，」我對他們說：「相反地，我想在你們的鞋子裡放一顆小石頭。」之後，我講解了道德相對主義的失敗。我來這裡不是要達成交易，我只是想給他們一些值得思考的東西。

事實證明，在回答觀眾問題時，我能夠更詳細地闡述福音，但前提是我已經通過有意義且合理的訊息，給他們打下基礎。我一步步不疾不徐地進行。

> 我鼓勵你參考我使用的策略。當上帝給我一個機會時，我會迅速祈求智慧，然後問自己：「在這種情況下，我可以說什麼？我能問什麼單一問題或提供什麼單一想法，讓對方開始思考？」然後，我只是嘗試在對方的鞋子裡放一顆小石頭。

──── // **本章學到的功課** // ────

　　我開始這一章，是想解決你對成為基督大使所需技能的疑慮。辯論和爭吵是有區別的，不友好的爭吵毫無意義。如果對話中有人生氣，那麼你就輸了。另一方面，辯論是有益的。辯論是一種美德，因為它促進清晰思維。如果做得好，它有助於我們更好地理解真理。

　　當基督徒因為害怕不團結或分裂，避免在重要事情上產生原則性的衝突時，他們通常以三種方式損害了教會。首先，經文命令我們保護真理，但在辯論很少的地方，錯誤就會擴散。其次，信徒被剝奪了學習以合理、公正和充滿恩典的方式相互辯論的機會。第三，害怕衝突的教會，其結果通常不是真正的合一，而是一種虛偽的合一，一種膚淺和人為的和平。

　　對於有些人認為「提出論點和辯論並不屬靈，因為只有上帝才能改變叛逆的心」，我提出兩點觀察。首先，沒有上帝的工作，任何事物都不會起作用──不僅僅是辯論和愛，甚至最基本的福音信息也不會有用。其次，在聖靈的幫助下，上帝樂意使用各種方式來接觸人們，其中愛和理性尤其有吸引力，因為兩者都符合上帝的本性。在上帝的幫助下，辯論總是有效的。耶穌、彼得（伯多祿）和保羅都曾使用辯論，並取得了巨大的效果。我們也應該效仿他們。

　　理解上帝在這個過程中的核心作用，可以減輕我們的巨大負擔。我們可以專注於清晰、富有恩典且有說服力的工作，並將結果交給上帝（我稱之為「百分之百的上帝和

百分之百的人」原則）。我們正在尋找那些正在尋找我們
的人——那些心靈已經被聖靈觸摸的人。我們可以警覺並
留意那些聽見耶穌聲音並抬起頭的羊，而不打擾（或不必
要地惹惱）那些尚未準備好的人。

　　最後，我鼓勵你採納一個非常有效的目標：不是在每
一次相遇中都試圖立即抵達十字架，而是試著在對方的鞋
子裡放一顆小石頭，給他們一些值得思考的東西。種下一
個在上帝主權下可能在適當時機開花的想法或觀念，並以
此為滿足。成為一個好園丁，然後信任主會在適當的時候
帶來豐收。

CHAPTER 3

———◆———

掌握主導權的可倫坡策略

　　讓我們開始這一章，先讓你置身於一個困境之中。我希望你想像自己處於以下情況：

- **場景1**：你在朋友家參加聚餐，聚會的都是教會的親密朋友，大家自然地談起許多有趣的靈性話題。突然間，你朋友的十五歲兒子以略帶挑釁的態度宣稱他不再相信上帝了，他說：「這一點都不合理，根本沒證據。」這番話讓大家驚訝且尷尬，全場陷入了一片驚愕的寂靜。此時，你會怎麼說呢？
- **場景2**：這是你每週參加讀經小組的晚上。在討論星期天講道中提到傳福音的使命時，一位新來的人評論道：「我們有什麼資格說基督教比其他宗教更好？我認為耶穌教導的本

質就是愛，和所有宗教一樣。我們的職責不是告訴別人應該怎麼生活或信仰什麼。」小組的其他人感到尷尬，但什麼都沒說。你要如何回應？

- **場景3**：你和一個朋友一起坐大學的校車，他注意到你的背包裡有一本聖經。「我以前讀過聖經，」他說：「裡面有一些有趣的故事，但人們把它看得太認真了。畢竟這只是人寫的，而人都會犯錯。」你試著回憶你的牧師幾週前關於聖經啟示的論點，但一無所獲。你該說什麼？

- **場景4**：你坐在修車店裡，和其他顧客一起看電視，等你的車修好。一個新聞報導了宗教團體試圖影響重要的道德立法。坐在你旁邊的人說：「這些人難道沒有聽過政教分離嗎？那些基督徒總是想把他們的觀點強加給其他人，你不能為道德立法。為什麼他們不讓我們安靜地過自己的生活？」其他人都在聽，而你不想讓場面難看，但你覺得必須說點什麼。你的下一步是什麼？

▶ 關鍵的十秒鐘

在這些情況中，你有機會，但也有障礙。首先，你必須迅速發言，因為機會不會持續很長時間。在機會之門關閉前，你只有約十秒的時間。其次，你感到矛盾。你想說些什麼，但同時你也在意如何保持體貼、平和、友善，並且不顯得極端。

如果我告訴你有一種簡單的方法可以應對挑戰，迴避爭吵，減少尷尬，以有效而優雅的方式回應對方呢？如果你有一個簡單的計劃，能引導你採取下一步，你是否有信心邁出應對挑戰的一小步？

我有這樣的計劃，它幫助我在關鍵的十秒鐘內做出最佳反應，

引導我採取下一步。每當我思考這些場景時，腦海中會浮現出一系列問題。在下一章中，我將向你介紹這些問題的背景和用法。不過，現在請先思考以下的說法是如何回應了對方的言論，同時又以有意義的方式將對方拉入互動對話中：

- **挑戰 1：相信上帝是不理性的，因為沒有證據**

  你所指的「上帝」是什麼樣的形象？我的意思是，你拒絕的是什麼樣的上帝？你認為相信上帝不理性的理由是什麼？你接受哪種類型的證據來證明上帝存在？你思考過那些支持上帝存在的論點嗎？對這些論點，你有什麼看法？

- **挑戰 2：基督教和其他宗教一樣，本質都是愛，所以我們不應該告訴別人怎麼生活或信仰什麼**

  你對其他宗教進行過哪些研究，讓你得出這個結論？為什麼你認為相同點比不同點更重要？我很好奇，你覺得耶穌在這個問題上的態度是什麼？他會認為所有宗教都是一樣的嗎？此外，告訴人們要彼此相愛，這不也是在告訴別人如何生活和信仰嗎？

- **挑戰 3：不能對聖經太認真，因為它只是人寫的，而人會犯錯**

  你的書架上有沒有其他書籍？你在那些也是人寫的書中找到過真理嗎？你認為聖經比其他書更不真實或不可靠的原因是什麼？你是不是認為只要是人寫的內容就一定會有錯誤？如果不是，為什麼會因為這個理由而否定聖經？如果上帝存在，你認為祂能否通過人類傳達祂的意旨？如果不能，為什麼？

- **挑戰 4：強迫別人接受你的觀點是錯的，不能為道德立法**

基督徒參與政治就違反了政教分離的原則

你是否參加過投票？當你投票給某個候選人時，你是否希望他可以通過符合你期望的法律？這不也是在某種程度上強迫別人接受你的觀點嗎？你認為只有沒有宗教信仰的人才可以投票或參與政治嗎？還是我誤解了你的意思？憲法的哪個部分提到有宗教信仰的人不能參與政治過程？難道不是所有法律都在某種程度上強加了某種道德觀念嗎？你能舉出一個完全沒有道德元素的法律例子嗎？

我希望你注意到這些回應的幾個方面。首先，每個回應都是一個問題。在這種情況下，我一開始的回應並不是傳達我的觀點或表示不同意他們的看法。相反地，我會引導他們，邀請他們更多地談論自己的想法。這樣做可以減輕我的壓力，因為當我提出問題時，等於把球又踢回到他們的場地。這也能防止我過早下結論，或在無意中誤解他們的意思。他們講得越多，我在對話中掌握的信息就越全面。

> 提問可以幫助你避免被對方指責「你扭曲了我的意思」。提問是一種尋求澄清的方式，特別是可以確保你不會曲解對方的話。當我提出澄清性問題時，我的目標是深入理解對方的觀點及其影響，而非曲解它。

其次，這些問題都是深度對話的邀請，也都是以反思的方式參與對話的鼓勵。雖然我的語氣輕鬆而和諧，但我的問題足夠明確，挑戰對方更深入地思考他剛才說的話。

第三，這些並非閒聊的詢問。我的每個問題都有特定目的。

有些問題，我只是在收集訊息（「你有投票嗎？」）。你可能已經注意到，其他一些問題則是微妙的引導，透過指出對方思維的問題來表達一個觀點（「這不就是在本質上強迫別人接受你的觀點嗎？」）。

我提出這些問題，是因為我有一個計劃。我知道談論屬靈話題並不容易，尤其是當對方保持戒心時，我們很容易變得結巴，不知道該說什麼。我們擔心會陷入棘手的對話，也害怕冒犯他人而讓情況更複雜。我們需要一些幫助。

我們的第一個溝通策略是一個解決問題的簡單方案，也因此我比其他策略更常使用它。即使是最內向膽小的人，也能通過這個策略以有意義的方式與他人接觸，因為它提供了實際的步驟指南，幫助你輕鬆進入對話。

這個策略可以被稱為所有策略中的女王，因為它非常靈活且富有彈性，還可以輕鬆地與你之後學到的其他技巧結合使用。這是一種最簡單的溝通策略，幾乎不費力就能阻止挑戰者、扭轉局面，讓對方思考，同時讓你在對話中處於主導地位。

我簡單地稱它為「可倫坡策略」。

▶ 向「神探可倫坡」汲取經驗

可倫坡策略得名於中尉可倫坡，他是過去一部知名電視劇《神探可倫坡》中的主角，以巧妙捉拿凶手的方法聞名。

這位神探總是以混亂的形象出現，頭髮凌亂，風衣皺巴巴的，雪茄夾在粗短的手指間。可倫坡經常找不到自己的鉛筆，因此他需要向旁觀者借一支筆才能使用他的記事本。

表面上，可倫坡看起來糊塗、不靈活且無害，似乎無法自己

解決問題。他顯得很蠢，但其實狡猾如狐狸，因為他有一個簡單而有效的策略，讓他屢屢成功破案。

在四處查看現場，抓抓頭並喃喃自語之後，神探可倫坡做出了他的標誌性舉動：「我有個問題，」他說，一邊四處張望，揉著皺起的眉。「這件事有個我不了解的地方。」他停了一會兒，低頭想著自己的難題，然後轉向嫌疑人。「你看起來是個聰明人，也許你可以幫我搞清楚，可以問你一個問題嗎？」

第一個問題足夠純真馴良（如果神探顯得有威脅性，會嚇跑嫌疑人），問完之後他似乎很滿意，但他正要轉身離開時，他停了下來，突然想到一些事情。他回頭看著現場，舉起食指說：「再問一個小問題。」

但「再問一個小問題」連到了另一個問題，然後是下一個。很快地，它們接連而來，問題接著問題，直到讓人分心，最終惹惱了對方。

「對不起，」可倫坡對快失去耐性的嫌疑人說：「我知道我讓你很煩，這是因為我一直在問個不停。但我跟你說，」他聳了聳肩說：「沒辦法，這是我的習慣。」

而這正是我希望你養成的習慣。

可倫坡策略的關鍵是以一種不冒犯的方式進行攻擊，使用精心挑選的問題推進對話。當一個問題就能解決問題時，千萬不要發表聲明，至少一開始時不要。

▶ 提問的優勢

有數十種有趣的方法可以實現這一點，通過一點練習，它可以變成你的第二天性。休伊特（Hugh Hewitt）是美國廣播脫口秀

主持人，他是這項技術的大師。他精彩的作品《在裡面，但不是裡面》（*In, But Not Of*）是一本為基督徒提供的入門書，幫助人們深入思考當代社會文化。休伊特在書中建議，在每次對話中至少問六個問題[1]。這個習慣能帶來巨大的優勢。

你可能已經很辛苦地學到，在和心存抗拒的人談論敏感議題時，正面攻擊通常不是最好的方法。相對來說，真誠的提問有許多好處，不僅能避免直接對抗的風險，還能有效推進對話。

首先，真誠的提問是友好而令人愉快的。它們通過對方非常關心的事物（他自己和他的想法）來邀請對方加入融洽的互動。休伊特寫道：「當你問一個問題時，你正在表現對對方的興趣。大多數人在許多方面都不會被問，他們的意見不被重視。詢問他們就是讓人想起你是一個非常有趣和有風度的人。」

> 有時候，小事情具有最大的影響力。使用簡單的引導性問題，是一種幾乎不費力就能在對話中輕鬆引入屬靈話題的方法。就算這些話題沒有出現，也不會顯得唐突、粗魯或冒失。提問是引人入勝、充滿互動的，探詢但友好。最重要的是，它們使你掌握主動權，而對方卻做了所有的工作。

其次，提問讓你學到一課。你將在對話結束時知道得更多。有時這些訊息就是你需要的東西，可以產生影響。當一個年輕的基督徒要我推薦一本佛教的書時，我聽從了自己的建議，問他為什麼想要這本書。他告訴我他想瞭解佛教的基礎，以便能夠向他

---

1. Hugh Hewitt, *In, But Not Of* (Nashville: Nelson, 2003), 167.

的佛教朋友傳福音。

　　這就是我需要的訊息。我告訴他不要買書，相反地，去問那位佛教徒朋友，請他坐下來喝杯咖啡，讓他給你講解。這樣會容易得多，他將學到他朋友信仰的具體內容（而不是一個學術版本），同時建立與對方的關係。

　　第三，提問能使你在不過於強迫的情況下取得進展。由於問題是中立的，或者至少看起來是這樣，它們聽起來不像說教。當你問一個問題時，你並沒有陳述你的觀點，因此你不需要辯論。

　　我曾在一位著名喜劇演員的家中參加晚宴，我與演員的妻子就動物權利展開了一場激烈的對話。我對她的觀點高度保留，但我沒有直接反駁她。相反，我提出了一些問題，旨在揭露我認為她觀點中的一些弱點。

　　最終，她開始質疑我的觀點。我向她指出，我從未陳述過我的信仰，我一直在提問。我是在探索而不是逼問，所以嚴格來說，我沒有要保護的立場。我不介意為我的觀點回答問題，但到目前為止，我還沒提過這些觀點。於是我擺脫了困境。

> 你可能已經想到，在工作場所使用提問，是參與爭議性議題的完美解決方案，因為在那裡，屬靈討論通常是不被鼓勵的，特別是如果你的觀點是基督宗教的。提問提供了一種低調的方式，可以機動進行對話而不會讓你面臨傳教的指控。

　　這裡還有進一步的好處。當你不太確定下一步該怎麼做時，提問可以為你爭取寶貴的時間。它可以幫助你在對話中前進，即使還不確定往哪裡走。壓力減輕了，在等待一個較容易的開頭的

同時，你可以放鬆並享受對話。

　　最後、也是最重要的是，精心設置的問題能讓你掌握對話的主導權。休伊特指出：「提問者能夠掌控陳述者幾乎不能達到的情況。一個靈活的提問者能夠警覺對方何時變得不安。但不要停下來，只是改變方向。**一旦你學會如何引導對話，你也學會了如何主導它。**」

　　提出的問題可以是輕鬆的對話開場白，提供一種簡單而友好的方式來開啟討論，就像我在威斯康辛州的女巫身上所做的那樣。它可以給你重要的訊息，並允許你在不過於強迫的情況下取得進展。它可以爭取到寶貴的時間，當你不知道下一步該怎麼走時，讓對方講話可以給你一點喘息時間。它可以幫助你間接而溫和地利用對方觀點中的弱點或缺陷。最重要的是，當你提問時，你是掌控局面的人，而且是以一種不具威脅性的方式。

　　你可能已經想到，耶穌經常使用這種方法。面對一個有敵意的人，他經常提出問題，用來挑戰觀眾，或通過揭露對方的愚蠢來使詆毀者沉默[2]：

- 拿一個銀幣給我看！這上面的像和名號是誰的？（路加福音 20:24）
- 約翰施洗的權是從上帝還是從人那裡來的呢？（路加福音 20:4）
- 對這病人說「你的罪蒙赦免了」容易呢？還是說「起來，拿起你的褥子走」容易呢？（馬可福音 2:9）

---

2. 另見：馬太福音 17 章 25 節、18 章 12 節、21 章 28-32 節，馬可福音 12 章 35-37 節，路加福音 7 章 40-42 節、14 章 1-6 節、10 章 25-37 節，約翰福音 18 章 22-23 節。總的來說，福音書記錄了耶穌提出的近三百個問題。

在這些情況下，耶穌絕不是空談。他瞭解巧妙提問的力量。每當耶穌提問時，他都有一個目的。同樣，可倫坡策略在你有一個計劃時最為強大。

使用可倫坡策略有三種基本方法。每種方法都由不同類型的問題啟動[3]。這三個步驟構成了我用來馴服最激烈批評者的溝通法則。有時我只是想收集訊息，其他時候，我會提出一個問題來**將提供證據的責任轉移給對方**，鼓勵他解釋自己的觀點。最後，我使用問題來建立論點，引導對話走向特定的方向。

▶ 啟動溝通策略

在下一章中，我將向你介紹我們溝通策略的第一步。不過，在此之前，我希望你清楚瞭解溝通策略的運作方式。

當你按照可靠的計劃來實現一個重要目標時，一旦你全心投入，你就會忘記目標，而專注於每一個步驟。你一次只關心一個步驟，如果計劃是好的，目標會自行運作。

我們的溝通策略也是如此。當你發現自己處於一場你希望為基督帶來改變（目標）的對話中，我不希望你去考慮未來可能會發生的事。你不需要分這個心，那可能會讓你感到困惑或焦慮，只會讓你的努力變得更加困難。

因此，當你啟動你的溝通策略時，不要考慮除了第一步以外的任何事情。不要擔心接下來會發生什麼，因為在你邁出第一步之前，你不會知道下一步是什麼樣子。忘記結局，不要考慮收穫的事。你不知道前方是否有豐收，甚至不知道是不是有良好的耕

---

3. 我感謝凱文・拜沃特在使用可倫坡策略的問題上所做的改進。

種機會。

　　我個人認為，與人們的每一次相遇不一定都是神聖的約定。有時候並不會出現豐碩的機會，但只要你進行了最初的撒種工作，很快就會發現屬靈的潛力是否存在。

　　在相遇的開始，你無法預料會面對什麼。因此，在這一階段，我建議你首先設定一個目標，那就是我們溝通策略的第一步：收集資訊。

// **本章學到的功課** //

　　我們以一個挑戰開始了這一章。我給你一個機會去思考：在十秒鐘的時間內，當你面對基督大使可能經常遇到的挑戰時，你會做出怎樣的回應。然後，我概述一個簡單的計劃，作為引導你的步驟指南。這個計劃叫做可倫坡策略。

　　可倫坡策略是以精心選擇的問題來進行反擊，它有助於積極地推進對話。這種方法有很多優勢。提出的問題可以是出色的對話開場白。由於其互動性質，它能邀請其他人參與對話。它是中立的，可以在不陳述你的觀點的情況下幫助你取得對話的進展，保護你免於淪為說教。提問為你爭取寶貴的時間。最後，它是讓你在對話中掌握主導權的重要手段。

　　接下來我們將會學到，提出問題有特定的目的。可倫坡策略的第一個目的是獲取訊息，第二個是轉移舉證的壓力，第三個是建立論點。

　　最後，我向你介紹了溝通策略的概念。我指出，只要你對這個策略給予適當的重視，就會專注於每一個步驟，你的最終目標便會自行運作。因此，在任何對話的開始，只專注於一件事：收集訊息。在下一章，我將告訴你如何有效地做到這一點。

CHAPTER 4

—◆—

可倫坡策略第一步：
收集資訊

　　當神探可倫坡出現在犯罪現場時，他需要一些基本事實來幫助他掌握情況。在他決定下一步行動之前，他需要對情況有一個大致的瞭解。這就是為什麼他首先要做的事情是收集資訊。

　　同樣地，在任何對話中，你需要更多的資訊，才能知道最好的進行方式。在你瞭解情況之前，你不知道將要面對什麼或未來有什麼可能性。因此，你一開始的提問應該是友好、開放的問題。

　　最好的開始方式，是通過隨意的對話和一般性的問題開始，透過對對方及其想法展現真誠的興趣來吸引對方。如果對話還沒觸及靈性問題，也不要立即跳到那一步。放輕鬆並花點時間。你讓朋友談論得越多，互動就會越友好。對他來說更愉快，對你來說也更輕鬆。

　　你的初始目標是在繼續討論之前，從對方那裡獲得盡可能多的資訊。你希望他盡可能多地談論自己的信念。這種方法能帶給你最好的時機，正如保羅在〈歌羅西書〉4章5節中所說的：「要把握時機。」

　　如果我感到有機會轉向更有精神意義的事物，我會輕輕地朝那個方向前進，始終用問題來進行。

　　我想分享我的某次對話，展示了這第一步有多重要。我曾經與一位名叫約翰的年輕專業人士進行過一次交談，他在飛機上坐我旁邊。當他得知我旅行的目的時，他告訴我他不是基督徒，他朋友們也不是，然後說：「我曾經是基督徒，但我不再是了。」

　　讓我在這裡停下來問你一個問題。你認為我知道這個特定細節對我來說重要嗎？你可以看到這個訊息在接下來的對話中如何產生重大影響嗎？當然可以。但還有更多。

　　「事實是，」約翰補充道：「我曾經是一位牧師的孩子。」

　　這讓我感到驚訝。「怎麼說曾經是？約翰，你爸爸去世了嗎？」

　　「不，我爸爸沒有去世，」他回答道：「他只是不再是牧師了。實際上，他甚至不再是基督徒。」

　　天哪！這對我來說是重要的訊息嗎？你覺得會不會有一點感情包袱妨礙了約翰？顯然有。當我問了更多問題讓他說話，他開始傾吐他在教會中所經歷的不好經驗。那真不是一幅美麗的畫面。

　　想想我在我們聊天的前幾分鐘內能夠得到的訊息和它的重要性，因為我問了問題並傾聽了。當約翰說話時，我腦海中開始形成他的屬靈圖像，我意識到他的圖像中佈滿了地雷。

　　現在你是否明白在事前收集訊息有多重要了呢？你能想像如

果我在讓他說話之前就盲目地開始傳教，會發生什麼事？他可能
會想：「我當過基督徒，而且我很受傷。」

　　我沒有那樣做。相反地，我花了時間，問了問題釐清並注意
他的回答。我用真誠的興趣小心地進行提問，關心他和他痛苦的
經歷。因為我一直在傾聽而不是講道理，所以我能夠巧妙地繞過
危險。

　　我想你現在可以理解，在任何交談中，收集資訊是最重要的
第一步。每當你在對話中遇到困難，總是可以提一個問題以獲取
更多細節，然後讓對方說話。讓他說明、澄清、辯解，甚至進
攻。不要讓自己充滿防衛，只需要仔細傾聽。這就是你的第一
步[1]。

▶ 最好的第一個問題

　　你想要一個能夠幫助你開始對話的問題嗎？這個是我常用
的：「你是指什麼？」

　　這個問題提供了進一步對話的自然開場，而且對你沒有壓
力。它以一種溫和、真誠好奇的方式提出。這是使用可倫坡策略
的一種簡單輕鬆的方式，就像以下這些例子一樣：

- **「你相信進化論嗎？」**——你的「進化」是指什麼？有不止
  一種進化，你指的是哪一種？
- **「怎麼解釋世界上那麼多邪惡的事？」**——你說的「邪惡」

---

[1]. 有時人們問我如何更直接地進行屬靈的對話。你可以試著問：「你在你自
己的屬靈旅程中處於什麼地方？」或者「你覺得當你死後會發生什麼？」
然後看看他們會有什麼回答。要有耐心，引導他們講述他們的故事。

是指什麼？是什麼讓壞事成為壞事？

- **「你是否從字面上理解聖經？」**──這取決於你對「字面」怎麼理解。你具體是想到什麼？

- **「科學已經證明神不存在。」**──真的嗎？科學究竟是如何做到的？

- **「墮胎是可以接受的，因為胎兒是人類，但不是人。」**──真的嗎？兩者之間有什麼區別？

你的第一個可倫坡問題有著巨大的優勢。首先，這個問題馬上讓非信仰者（或信仰者，如果話題與神學相關）以跟你互動的方式參與對話，使其成為一個極好的對話開端。當我注意到威斯康辛女巫戴的珠寶，我問：「那顆星星有宗教意義嗎？」（這是「你是指什麼？」的不同版本），它引發了有效的互動[2]。

> 有時，你的第一個問題會針對特定的談話主題。其他時候，這個問題可以更加開放。如果可能的話，隨著對話進行，請用後續的問題溫和地引導對話走向更有靈性的方向。

當你養成先收集訊息的習慣時，你有時會發現你的問題帶來的額外澄清，正好可以避開異議的產生。

有人對我說：「轉世最初是基督教義的一部分，但在第四世紀從聖經中刪除了。」我請他們解釋這是如何發生的（這也是第

---

2. 記住，「你是指什麼？」是一個範例問題，有很多不同變化的版本可以配合你的情況。

一個可倫坡問題的變化版本）。正如人們所說，魔鬼就藏在這種挑戰的細節中。

如何從在地中海地區流傳了三百多年的數萬份手稿中刪除特定的幾行？這就像你試圖秘密地從昨天《紐約時報》所有印出的報紙中刪除一段文字，是不可能的。

你的第一個問題揭示了重要的信息，但如果你不問，就無法獲得這些信息。許多異議產生於缺乏清晰度，從而導致思維混亂。通過提出這個問題，你通常能使對方澄清他的意思，從而消除這些障礙。

為什麼讓問題清晰很重要

有三個原因說明為什麼收集資訊很重要。首先，你不希望誤解你正在交談的人。其次，你不希望歪曲他的觀點。第三，你不希望他對自己的理解存在誤解。

首先，有些問題或挑戰可能非常模糊，讓人難以知道如何應對。如果你對談話內容感到困惑或不明確，繼續推進對話就沒有意義。聲稱「一切都是相對的」是非常模糊的，在還沒釐清對方意思之前，絕不應該接受。提出以下問題是適當的：「你的『相對』是什麼意思？」、「一切真的都是相對的嗎？」、「這種說法也適用於你現在的陳述嗎？」

其他挑戰則更為複雜，包含了一系列交織在一起的特定問題，需要進一步提問才能將其解開。

有些人聲稱神不是解釋道德的必要條件，因為進化論可以完成這項任務。這種論點認為，由於我們的生存依賴於共享的道德規範，那麼，自然選擇與社會契約的合作（我們默許並遵守的價

值觀）就可以解釋道德。因此，不需要神來解釋道德。

但這種解釋無可救藥地混淆了兩個不同的概念。第一個概念是達爾文進化論，顧名思義，達爾文進化論只能從基因決定、為生存而選擇的生理特徵來解釋道德（不過人們不禁要問，其他動物似乎沒有道德規範也能很好地生存）。第二個概念是由智慧設計的社會規範的「進化」，文明在從原始的核心階段（每個地方群體都在自給自足）發展到社會契約的「進化」階段，所有人都能在相對安全的和諧狀態中共同生活發展。

這是兩個不同的問題：一個是基因的偶然，另一個是深思熟慮的設計。在這種情況下，你需要通過小心翼翼的提問來澄清混淆之處，然後根據各自的條件處理每個可能性。「這到底是怎樣運作的？」是澄清這個主張的好問題。

當人們提出對基督宗教的直接反對時，這個策略的第一步尤為有用。當我提出澄清性的問題時，這迫使懷疑論者更加具體和精確地表達他的疑慮。我希望我的朋友能清晰地闡述他的觀點，以免我誤解他的意思。

希望清晰地瞭解他人觀點的另一個原因是，如果你不理解某人的觀點，你可能會把它扭曲[3]。這是一個嚴重的錯誤，即使是無意中犯的錯誤。這樣做的結果是，你不是在與真正的問題（對手的實際觀點）對抗，而是在攻擊一個無生命的仿製品（「稻草人」），然後輕而易舉地將其打倒。如果你這麼做，你可能會以為自己已經對對方（根本沒提出）的觀點進行了出色的反駁。

問「你是指什麼？」有助於你避開這兩個陷阱。

---

3. 順便一提，這也是所有批判性思維的初始步驟。為了評估任何觀點，始終要先澄清主張。在理解之前，你不可能評估任何觀點，這是許多基督教批評者似乎經常忽略的事情。

> 在某些情況下，謹慎才是勇敢的做法。如果你的妻子說
> 你白癡，不要問：「你是指什麼？」她可能很樂意跟你
> 說個清楚。

「你是指什麼？」（或其他變化版本）會如此有用的第三個原因，是它有助於對方更清晰地瞭解自己的觀點。我知道這聽起來很奇怪，但這裡有一個重點。

有時你對他人的意思感到困惑，是因為他們自己也不清楚。他對基督教提出異議，可能是因為他還沒有仔細思考過自己的理由。他的反對聲音之所以強烈，是因為沒有人挑戰過他混亂的思維、讓他釐清自己的觀點。你的第一個問題會迫使他精確地表達自己的意思。

有時候，你的詢問會產生驚人的效果。批評者可能帶著堅定和自信闖入對話，但一旦你問了一個簡單的問題，他們的氣勢就會消失。他們在還沒準備好的問題面前，自信心逐漸瓦解。我多次見證這種情況的發生。

因此，當你問「你是指什麼？」而對方只回以茫然的凝視和沉默時，不要感到驚訝。許多人在面對這樣的澄清要求時，根本不知道該說什麼。

這種情況的原因在於：很多時候，人們並不真正瞭解自己的意思。即使他們有強烈的意見，也很少反思自己的觀點，通常只是重複一些口號。當你要求他們詳細說明他們的疑慮、意見或觀點時，他們往往啞口無言。他們被迫思考自己的真正意思，所以要對談話中的停頓保持耐心。你的澄清要求實際上是在幫助他們。

提問是解決困惑和處理模糊之處的最簡單方法。你的提問讓

別人更多地發言，這樣你可以更多地傾聽，更準確地瞭解他們的觀點。澄清問題還讓你在深入對話前，有機會評估情況並整理思緒。

「你是指什麼？」是每個信仰者在應對每一個挑戰（即使是最棘手的挑戰）時都可以使用的問題。在嘗試回應之前，你總是要求更多的信息。你需要在採取進一步行動之前確切知道對方的想法。

> 請注意他人對你問題的回應。如果意思仍然不清楚，請進一步提問。你可以說類似這樣的話：「那是什麼情況？」或「你能幫我說得更清楚嗎？」或「我不太確定你的意思。」當你得到更多細節時，給予對方反饋，以確保你理解得沒錯。

不要低估「你是指什麼？」這個問題的力量。經常使用它。你可以用各種方式提問，以參與具有建設性的友好對話，同時將焦點和壓力放在對方身上，而不是你身上。

▶ 四個挑戰情境的進一步回應

在前一章中，我提出了四種情況供你參考，然後提供一系列我認為適合每種情況的問題作為回應。我的目標是使用可倫坡策略來獲取訊息、爭取時間，並引導對話朝我認為可能有建設性的方向發展。你可能會好奇，為什麼我選擇了特定的問題，這是我的思考方式：

挑戰1：相信上帝是不理性的，因為沒有證據

我注意到這個挑戰沒有明確指出對方拒絕的是什麼樣的上

帝。對一些人來說，上帝是一個留著鬍鬚的老人，坐在宇宙的某處寶座上。如果這是他們不相信的那種上帝，那麼我同意，我也不相信那種上帝。有些人拒絕人格神（personal God）的概念，但仍然相信某種形式的非人格的、推動宇宙的神力，也或許我正在面對一個傳統自然主義、唯物主義的無神論者。無論如何，我在繼續進話之前需要更多訊息。

即使看起來沒有太多的模糊之處，一個澄清性問題（甚至是一個簡單的問題）可以打破尷尬時刻的緊張氛圍，為你贏得一些時間。它甚至可能帶來你沒有預料到的訊息。

當有人聲稱「沒有上帝存在的證據」時，你要小心。這種說法有時是一種詭計，表面上看是合理地要求你提供證據，但實際上並非如此。除非你事先瞭解對方會接受哪種證據（例如科學數據、歷史文件、哲學論據或上帝的啟示）或是什麼樣的證據能讓他們滿意（絕對證據、超越合理懷疑的證據、證據優勢或合理推斷的證據），否則你可能會白費力氣。如果你不清楚對方的證據標準，那麼對方可能會輕易地否定你提供的任何證據，只需簡單地說一句「不夠好」或「這不是證據」就行了。

「相信上帝是不理性的」這一指控很普遍，卻沒有根據。當有人提出這種主張時，我不會輕易放過。我希望他告訴我，為何認為有神論與良好的思維不相符。我的可倫坡問題迫使對方具體說明問題，而不是在模糊的語意中遮遮掩掩。

相信小矮人存在是不理智的。相反地，相信上帝就像相信看不見的原子一樣，過程完全相同。你根據你能看到的證據來推斷你無法直接看到的存在，這結果需要一個能夠解釋它的原因。

相信一位人格神創造宇宙是沒有不合理或不理智的。對我來說，一個大爆炸需要一位大的「造物主」。一套複雜的指令（如

DNA中的指令）需要一位作者。藍圖需要一位工程師。道德法
則需要一位道德立法者。每一個都是合理的。這些不是盲目的信
仰，而是智慧思考的合理步驟。因此，「具體而言，相信上帝有
什麼是不合理的？」這個問題是完全合適的。

　　我希望你能看到這種極簡主義方法的好處，至少作為一個起
點。當你第一次遇到一個無神論者時，你可以採取卡拉姆（Kalam）
宇宙論的論點來證明上帝存在（如果你知道、理解、而且記得的
話），但那可能有點累，不是嗎？為什麼要讓自己這麼辛苦呢？
在對話一開始，提問對你更有益。

挑戰2：基督教與其他所有宗教基本上一樣，共通點都是愛。所以，基督徒告訴別人如何生活或信什麼是不對的

　　這裡的挑戰者提出了對基督教的另一種常見反對意見：宗教
多元主義，即沒有一種真正的宗教，而是所有宗教都是通往神的
平等有效的途徑。我的問題是要充分利用這一觀點的幾個弱點。

　　首先，這種評論顯示了對其他宗教的天真理解，這些宗教在
基本信仰上存在巨大差異。對於一些宗教，例如佛教，神的存在
與其意識形態無關。此外，愛是猶太教和基督宗教等一神論宗教
的重要特徵，但對於非一神論宗教（如萬物有靈論）卻不然。

　　其次，多元主義假定信仰之間的共同點比不同點更重要。不
過請思考一下，阿斯匹靈和砷都是片劑形式，所以它們基本上是
一樣的嗎？對某些事物來說，重要的是不同點，而不是共同點。
宗教就是其中之一。

　　第三，我建議用「你認為耶穌在這個問題上的態度是什麼？」
作為回應。因為很明顯的，耶穌不是一位多元主義者[4]。作為一位
敬虔的猶太人，耶穌遵守十誡，其中首要的是第一誡：除了耶和

華，不可有別的神、其他宗教都是歪曲和欺騙。基督的早期追隨者在安提阿被人們稱為「基督徒」（使徒行傳11:26），他們對自己的稱呼只是「道」或「道路」（使徒行傳9:2; 19:9, 23; 22:4; 24:14, 22）。

　　最後，你是否注意到挑戰者的極簡神學——耶穌的核心教導是愛，而不是告訴別人如何生活或信什麼——他自己也逃不過這項指控嗎？他信仰著「要愛，而不是評斷」，他卻去指導其他人的思想和信仰。

　　當然，這本身就是一種評斷。這就是為什麼我問：「告訴人們要彼此相愛，不就是告訴他們應該如何生活和信什麼的另一個例子嗎？」我透過提問的方式間接挑戰了這一點。

挑戰3：我們不應該太認真看待聖經，因為它只是人寫的，而人會犯錯

　　這裡的關鍵詞在於「只是」。這個陳述有兩個問題：首先，請注意它本身假定了一個爭議性的立場，即聖經僅僅是人類的著作，而非神的啟示。這個假設正是爭議焦點，這樣的主張有點在繞圈子。

　　然而，更根本的問題是：它假定任何人類所寫的著作都充滿錯誤。但顯然，即使沒有神的幫助，人們仍然可以得知正確的事實。我們的圖書館充滿了人類的著作，而這些作品通常都能做到準確、深刻且富有智慧。如果這樣的事情對許多其他作家都成立，那為何不能對保羅、彼得、約翰或路加也成立呢？

---

4. 《耶穌，唯一的道路》（*Jesus, the Only Way*）包含一百節經文來證明這一點，它們摘自耶穌的教導以及他親自培訓的人。這本小冊子可以在這裡找到：www.str.org。

　　或許你認為這並不足以成為支持聖經啟示的有力證據，你是對的，但這並不是我的目的。這只是要表明人的參與並不能作為反對上帝啟示的證據，因為人的作者身分不一定會導致錯誤。

　　請記住，我的目標是微小的。我只想在對方的鞋子裡放一顆小石頭，我想讓他思考。我希望他在否定耶穌之前先考慮聖經中耶穌所說的話。如果我能為他打開一扇門，我就完成了一件重要的事。這是我這麼說的原因。

　　大多數相信聖經是上帝話語的人之所以有這種信念，不是通過辯論，而是通過親身遭遇。當士兵被派去在耶穌傳道途中逮捕他時，他們空手而回。為什麼他們違抗命令呢？因為他們聽到了，他們說：「從來沒有人像他那樣講話的！」（約翰／若望福音7:46）耶穌並沒有以人們為什麼應該相信他的話開始他的論述，相反地，他只是說出了真相，這立即引起了群眾的許多共鳴。

　　我之所以相信聖經是上帝的話語，原因可能和你相似。我閱讀它，被它感動。我親身見證了真相，並發現它令人信服。

　　如果你希望懷疑論者相信聖經，不要與他們就啟示的問題進行辯論。相反地，邀請他們閱讀耶穌的話語，然後讓聖靈為你負重[5]。

　　所以當有人說聖經只是由人寫的時候，我會問一些問題，鼓勵他在這一刻將耶穌視為老師。我希望他先聽聽基督的話，然後得出結論。這就是為什麼我在旅行包中帶著〈約翰福音〉的原因。在某些對話中，我會把它作為禮物送出，並建議：「讓耶穌自己來證明，可能是最好的。」一旦我的新朋友讀了一些，我為聖經權威提供的任何進一步的理由，就會有其所需的土壤來生根。

---

5. 我認為，在這個問題上說服他人的最有效方式，「與聖經相會」勝過「辯論有關聖經的事」。

挑戰4：將觀點強加於他人是不對的，參與政治的基督徒違反了政教分離，也不應該為道德立法

這個挑戰提出了三個不同的異議。第一點很容易看出來。那些對「將觀點強加給別人」感冒的人，根本不應該參與立法過程，因為他們正是在做這件事。這就是為什麼我會問：「你有投票嗎？」

至於教會和國家的分離，第一修正案限制的是政府，而不是人民。它確保政府不會偏袒任何特定的宗教或教派。這並不阻止有宗教信仰的人參與政治過程。

至於為道德立法，亞里士多德曾經觀察到，所有法律都基於必要的道德基礎。如果政府的武力行使不符合人民共同利益，那它的行動就是非法的。簡而言之，道德是唯一**可以**立法的事物，其他任何事物都只是對權力的生硬運用。

這是我們策略的第一步：收集資訊。看起來很簡單吧？看看你能達到什麼樣的成就。首先，你立即以互動的方式與非信仰者接觸。其次，你展示了對於對方觀點的真誠興趣。第三，你敦促他更仔細地思考他的意思。第四，你獲得了免費的教育。最後，這對你來說沒有壓力，你處於主導地位。

既然策略的第一步如此簡單，為什麼不從淺水區輕鬆開始、花幾個星期成為他人觀點的學生呢？使用你的可倫坡問題引導他們，真正關心他們的想法，並幫助他們清晰地解釋自己的觀點。如果他們的回答中有任何模糊之處，用「你是指什麼？」來提出澄清性的問題。你將對上帝用如此單純的問題來達成如此重要的事感到驚訝。

// **本章學到的功課** //

　　首先，我們學到了問題的提出有特定的目的。可倫坡問題的第一目的是收集資訊，這是我們溝通法則的初始步驟。

　　問「你是指什麼？」（或類似的變化版本）是一個很好的開始。它澄清了對方的意思，這樣你就不會誤解或曲解它，還立即讓你掌握對話的主導權。

　　這個問題還有一個重要的作用。當對方提出挑戰時，它迫使對方更仔細地思考他的真正意思。不要滿足於模糊或含混不清的陳述，請他清楚地表達他的異議或擔憂。你的請求可能會讓他停頓片刻，但沒關係，在對話中耐心等待，讓他多想一會兒。

　　我們再次檢視了四個具體的挑戰，以瞭解這種方法的運作方式。然後，我詳細解釋了我對挑戰者提問的理由，這樣你就能看到可倫坡策略如何讓你在對話中安全機動。

　　最後，我鼓勵你未來幾週透過成為他人觀點的學生，使用「你是指什麼？」逐漸融入你的溝通策略。

　　這個問題是你管理對話的第一步。經常使用它。在下一章中，我們將為我們的溝通法則增加另一步驟——可倫坡策略的第二種應用。

CHAPTER 5

———◆———

可倫坡策略第二步：
轉移舉證的責任

　　有些人認為只有基督徒需要為他們的觀點負責。當然，我們應該能夠為我們認為是真實的事情提供理由，但我們不是唯一需要這樣做的人，其他人也需要解釋他們的觀點。

　　然而，有時人們會忘記他們也有這個責任。他們似乎認為，只要講一個非常動人的故事，就完成了他們的工作。

　　你可以把這個策略稱為「床邊故事[1]」。這是指一位評論家編造一個故事，目的在於使你的觀點或論點失去效力。這是一種用意見而非具體證據來解釋觀點的方法。講述這種故事的人通常會

———

1. 我是從基督教護教家鮑勃・帕桑蒂諾（Bob Passantino）那裡得到這個術語的。

以「這個我可以解釋」開頭,然後編織出他們的故事。

但這是不行的。這跟他們一開始就說「從前從前……」是一樣的。意見和論據之間是有區別的。意見只是個人觀點,而論據是用理由支持的觀點(稍後會詳細解釋)。懷疑論者通常只提供前者而非後者。瞭解這一區別後,你作為一名基督大使的工作將變得更加輕鬆。

如果你看過電視劇《我愛露西》,你可能會記得瑞奇·里卡多(Ricky Ricardo)說過:「露西,這你得好好解釋。」瑞奇的這句話在這裡也適用。跟你觀點對立的另一方需要提供充分的解釋,而你的工作就是讓他們這麼做。

針對基督宗教的許多挑戰都基於模糊的概述和強而有力但空洞的口號。我們如何幫助他人更明確地解釋他們觀點背後的理由?如何保持他們在智識上的誠實?這就涉及到我們溝通策略的第二部分,我稱之為「轉移舉證責任」。

舉證責任是指在對話中,某人需要為其觀點提供證據的責任。這責任落在誰身上呢?提出主張的人負有這個責任。如果你聲稱某事是這樣(尤其是如果這是有爭議的),那麼你就有責任說明為什麼你這樣認為。

> 更積極的基督徒可能會想要接受挑戰,嘗試證明對方的錯誤。請不要這麼做。如果你做了,只是在讓對方搭順風車。

你的工作不是反駁懷疑者編造的每個故事或他提出的每個主張。如果他提出主張,那麼他就有責任提供理由,讓別人認真對待他的觀點。如果你沒有提出觀點,就不要讓自己陷入防守的位

置。應該將舉證責任歸還給提出主張的人 —— 這才是正確的做法。不再有免費順風車。從現在開始，這是你的準則。

讓我給你一個例子來說明。

▶ 辯論宇宙的起源

有一次，我作為嘉賓出現在洛杉磯一家收聽率很高的商業電台，討論神的智慧設計論與進化論。一位聽眾援引宇宙大爆炸來反駁有造物主的觀點，我指出宇宙大爆炸實際上對我的立場有利。我用了「宇宙大爆炸需要一位大爆炸者」的說法，這總是引起笑聲，但也巧妙地提出了一個常識觀點：所有效果都需要足以解釋它們的原因。

該聽眾不同意，堅持認為宇宙大爆炸不需要上帝。「你可以從虛無開始，」他說：「你可以說除了無窮、連續的瞬間之外什麼都沒有，直到一個非常微小、無足輕重的事情發生：在虛無中產生了一個點。」

現在，我知道你在想什麼。如何從虛無開始，然後最終得到某物？如何在虛無中產生一個點？這可不是一個「非常微小、無足輕重的事情」。如果你的銀行帳戶沒有餘額，每個月檢查一下帳戶是否賺到了利息是毫無意義的[2]。然而，這種想法顯然沒有出現在這位聽眾的腦海中。正如魯益師（C.S. Lewis）曾經指出的，有時事實可能是令人困擾的。

「這不需要智慧，」他繼續說：「所以沒有智慧的上帝必須介

---

2. 我第一次聽到這個俏皮語是從護教家菲爾・費爾南德斯（Phil Fernandes）那裡。

入。我們只需要在完美的虛無中有一個微小的缺陷，它擴展並變得越來越複雜，很快就有了星系和行星。」

「你說的有一點是對的，」我回答道：「當你說『你可以這樣說』時，你可以編織任何你想要的故事。但困難的部分是：提供理由，解釋為什麼人們應該認真對待你的科幻故事。我不需要反駁你的無中生有的童話。證明這點是你的責任，而你還沒有這麼做，你甚至試都沒試。」

我拒絕讓他講一個荒謬的故事，也不讓他把舉證責任推到我的身上。我沒有給他免費順風車。

你可能聽過一個俚語「拋下金屬手套」並想知道它的意思。金屬手套是中世紀騎士所穿的鎧甲手套，當一位騎士將他的手套拋入競技場時，是對另一位騎士提出挑戰，要求他接受手套並進行一場戰鬥。

這個電台節目的聽眾拋下了他的手套，然後期望在不費力的情況下走掉還獲得獎品。這種情況經常發生。但我不打算讓他這麼輕鬆地逃脫，你也不應該。長久以來，我們讓其他人設計編造幻想的挑戰，然後坐下來看著我們掙扎[3]。那樣的日子結束了。再也沒有免費順風車。如果他們講故事，就讓他們為之辯護。他們需要提出一個論據，而不僅是講一個故事。

這些故事通常具有很強的修辭力量，能在心理上使你感到不安，並削弱你對自己觀點的信心。然而，每個故事都必須經受考驗：評論家需要的不僅僅是豐富的想像力，他們還需要提供理由。這就是論據的運作方式。

---

3. 丹·布朗（Dan Brown）在他的暢銷小說《達文西密碼》（*Da Vinci Code*）中使用了這種手法而著名。

▶ 沒有牆壁的房子

一個論據可以被想像成一個特定的結構。把論據比作一間房子，其中屋頂由牆壁支撐。這裡，屋頂代表結論，而牆壁則是支持這個結論的觀點。透過測試牆壁的堅固程度，我們可以確定它是否足夠支撐屋頂，以免其倒塌。如果牆壁很堅固，結論（屋頂）就能安全地放在這個支持結構上。但如果牆壁倒塌，屋頂就會崩塌，論據也就失敗了。

有些所謂的論據實際上並不符合這個比喻。許多人嘗試在缺乏堅實基礎的地上建造屋頂。他們沒有建立堅固的牆壁（支持結論的觀點），而僅僅是提出主張，然後用言語攻擊你或在講台上起哄。

然而，論據與主張是不同的，正如我之前所提到的。主張只是陳述一個觀點，而論據則提供支持這一觀點的理由，解釋為什麼人們應該認真對待這個觀點。這些理由可以成為共同討論或分析的基礎。但如果缺乏這些理由，則難以進行有效討論。意見本身不能作為證據。理性的信仰需要合理的辯護。

把屋頂放在地上是毫無意義的，沒有牆壁的房子也無法居住。同樣地，缺乏證據支持的主張是無效的。

> 不要讓人把屋頂放在你頭上來擊敗你。讓他在屋頂下面建造牆壁，要求他提供支持他結論的理由或事實。

在我的廣播節目中，我常常接到聽眾的來電，他們自認為正在提供論據，但實際上只是強烈陳述一個觀點。這種做法一開始可能聽起來很有說服力，他們的故事也許看似合理，但要解釋和提供證據來證明這個論據的合理性是另一回事。你的工作就是辨

識屋頂是否平躺在地上，然後指出這一點。但具體如何做到呢？

▶ 第二個可倫坡問題

當對方提出主張時，你可以如何轉移舉證責任呢？你可以使用可倫坡風格的問題：「你是如何得出這個結論的？[4]」這個問題能有效地把舉證責任轉移到挑戰者身上，這是非常合理的。

這個問題能有效地把舉證責任轉移到挑戰者身上，這是非常合理的。

這個問題是「你的事實從哪裡得來的？」的一種較為溫和的版本。雖然內容相似，但語氣更加和善、更加友好，因為它寬容地假設挑戰者不只是在講述一個故事或提出一個毫無根據的主張，而是經過思考的。

請記住，這只是一個範例問題。你還可以問：「為什麼你這麼說？」、「你支持這個觀點的原因是什麼？」、「是什麼讓你認為事情是那樣發生的？」或者「我很好奇，為什麼這個想法對你來說那麼可信？」這些問題能讓對方有機會表達他們的想法，同時為你提供更多的資訊和時間來處理他們的疑慮[5]。

> 第一個可倫坡問題幫助你瞭解對方的想法。第二個問題幫助你瞭解他為什麼這樣想。它寬厚地假設對方實際上已經得出結論，他的觀點是有理由的，而不僅僅是一種強烈的感覺。

---

4. 順便一提，這是批判性思維的第二步：確定支持一個主張的理由。
5. 當附近的福音傳道者敲門時，你也可以問：「為什麼我應該相信你的組織（摩門教會、傳單協會……等）能代表上帝？」

　　順便說一句，當你問某人為什麼時，如果再次遇到鴉雀無聲，別感到驚訝。大多數批評者熱衷於攻擊你的信仰，卻未準備好為自己的信仰辯護。他們從未深思熟慮過他們的觀點，因此無法為這些觀點提供明確的理由，這可能讓人感到驚訝。所以，要準備好面對他們空洞的回應，就像你的第一個可倫坡問題一樣。

　　有些人會措手不及，承認他們的觀點沒有任何理由——這是一個引人注目的自白。這樣坦率承認總是會引發我另一個問題：「為什麼你會沒有理由地相信一件事情是真實的？」[6]請注意，這是第二個可倫坡問題的另一版本，看看有多麼簡單？

　　「你是如何得出這個結論的？」這個問題達到了一個至關重要的目的：迫使你正在對話的人解釋他們的信念。基督徒不應該是唯一需要為他們的觀點辯護的人。

　　避免衝動地反駁對方的主張或他們無中生有的故事。相反地，要引導對話，將舉證責任重新放在對方身上。讓對方提供他們的理由，而不僅僅是他們的觀點。你的工作不是去打敗他們的主張，而是讓他們承擔起為其辯護的責任。

　　可倫坡策略的這一步基於一個非常重要的觀念：提供替代的解釋並不等同於反駁。有時候，有人會拿出「那個我能解釋」的開場白，並編造一個故事來支持它。但我們必須注意到，提供解釋並不等同於提出論據或反駁他人的論據。他們必須做更多，必須解釋為什麼他們認為他們的故事是正確的。

　　牛津生物學家理查·道金斯（Richard Dawkins）寫了一部標誌性作品《盲眼鐘錶匠》（*The Blind Watchmaker*）。他在書中解釋飛行可能是如何演化的：「翅膀是如何開始的呢？許多動物

---

6. 順便一提，這個問題對於任何基督徒都是一個公平的問題。

在樹枝間跳躍，有時會跌落地面。尤其是小動物，牠們身體表面能夠抓住空氣，幫助跳躍，或者充當粗糙的翼形結構以減緩摔落速度。任何增加表面積與重量比例的趨勢都可能對此有所助益，例如，在關節上生長出的皮膚薄片。從這裡，連續進展至滑翔翅膀，最終形成振翅飛行。」

當然，這類解釋在進化論教科書中屢見不鮮，達爾文主義者對此也認為合理。這些故事旨在應對反對意見，其解釋也因此顯得合理（否則便不會引起共鳴），同時保護了達爾文主義免受某些批評的影響。

然而，需要注意的是，從假設性的解釋開始並不難，這在科學、法醫學及日常問題解決中皆有所體現。但這僅是開始，並非終點，因為單一故事無法解決所有問題，它需要更多的支持。

在飛行的例子中，道金斯的簡略描述掩蓋了兩個重要障礙。首先，這種進化需要在正確的時間與平衡下進行大規模結構變化，這需要大量新基因信息以支持生理上的飛行需求。其次，進化必須利用飛行形式所需的本能、感官和心理變化。為了解決這些重要障礙，道金斯需要展示特定飛行形式下的詳細且精確的進化途徑（例如鳥類）[7]，但他沒有這樣做。

像道金斯這樣的解釋在達爾文主義圈子內不少見。批評者諷刺地將其稱為「原來如此的故事」，這個術語源於魯德亞德·吉卜林（Rudyard Kipling）的同名書籍——那是一本童書，其中包括「豹子如何得到斑點」和「駱駝如何得到駝峰」等章節。然而，這樣的故事在達爾文主義之外也可能出現，因此我們需要保持清醒。

---

7. 對於哺乳動物、爬行動物、魚類和昆蟲的飛行進化，也需要這種類型的證據——每種生物據稱都沿著獨立的生物進化路線演化出飛行機制。

每當有人提出替代解釋，你應該總是問三個問題：這有可能嗎？這合理嗎？這有根據嗎？

首先，這有可能嗎？仔細檢查後，有些選擇似乎行不通。在第四章中，我質疑了一個觀點：有人認為在公元四世紀期間，聖經中關於轉世的教導被刪除了。這樣的編輯需要刪除在羅馬帝國各地流傳了三百多年的手抄本中特定的幾行文字，這是不可能的，根本不可能發生[8]。

在這一章中提到的「虛無中產生了一個點」，無因果的宇宙大爆炸的主張之所以失敗，原因也是相同的。正如一位智者所言，從虛無之中，什麼也不可能出現。

其次，這合理嗎？基於現有的證據，這樣的事情可能發生嗎？有許多理論上可能、但在現實中不合理的情況。例如，我可能今晚吃豬肝，從理論上來看是可能的，但實際上不合理，原因很簡單——因為我討厭豬肝。因此，沒有人有理由認為今晚我的餐桌上會有豬肝。

第三，這有根據嗎？考慮到其他競爭性的選項，這是最佳解釋嗎？跟你交談的人必須能夠清楚展示他的觀點為何比我提供的觀點更有可能。為此，他需要提供理由來支持他，為什麼他的解釋更為合理？

這是基本的批判性思維原則：在重大的事情上，應該選擇可能性最高的，而不是冒險，特別是你的決策要負擔如此高的風險時。有些人或許會認為，長時間來看，猴子在打字機上敲打最終能敲出一部莎士比亞的作品，這在理論上是合理的，但這並不意

---

8. 同樣的風險也適用於這些主張：聖經中記載的奇蹟是天主教會為了加強對人民的統治而編造出來的，或者早期手抄本被篡改以使耶穌看起來更神聖。

味著我們有理由相信一隻猴子真的寫能寫出《哈姆雷特》。

　　我仍然相信那是莎士比亞寫的。

　　這就是你第二個可倫坡問題「你是怎麼得出這個結論的？」如此強大的原因。它能幫助你應對各種奇異的猜測和另類的奇怪解釋，將舉證責任重新放回到提出主張者的身上。

> 轉移舉證責任並不是一種逃避捍衛自身觀點的花招。每當我們發表意見，我們必須為它負責，其他人也一樣。我們有責任，但他們也有。這就是我的觀點。

　　因此，如果你在討論中陷入困境，可能是因為你在尋找一個不存在的論據。這可能只是一個普通的見解或一個未經證實的斷言。你只需要問自己：「他給了我一個論據，還是只是提出了一個意見？」如果是後者，那麼你可以說：「這是一個有趣的觀點，但你的論據是什麼？你是怎麼得出這個結論的？我為什麼應該認真對待你的觀點？請花點時間向我展示你的理由。」當他回答時，要根據他的證據來分辨可能性和合理性之間的差異。

　　舉證責任的規則幾乎沒有例外，通常都是顯而易見的。我們無須證明自己的存在、辯護不證自明的真理（例如，圓形不是正方形）或者證明我們感官的基本可靠性。事物的外觀通常就是它們實際上的樣子，除非我們有足夠的理由相信不是這樣[9]。這個原則每天都讓我們的生活得以維持，無須多加辯護。

　　我們的溝通策略的第二步並不是避而不談的策略。相反，這

---

9. 哲學家理查德・斯溫伯恩（Richard Swinburne）稱之為「信任原則」，這是大多數哲學家和所有普通人都接受的觀念。

是一種合理的方法，用來防止極端或沒有根據的信念，以及對合理選擇的極端懷疑。

有一次，一位無神論者問我，我是否有可能在我的信仰上出錯。「可能嗎？當然可能。」我承認：「我不是全知全能的，而且，我在生活中就犯過一些錯。」我告訴那位無神論者，我的這種承認是一把雙刃劍。如果我的承認會削弱我的立場，同樣也會削弱他的立場，因為他也不是全知全能的。

所以，我認為這種承認不會削弱任何人的立場，這就是為什麼我在與無神論者的對話中不會使用這種策略。這不會對辯論構成威脅，也不會對任何一方有幫助，因為這種辯論不會有建設性的結果。

僅僅因為在某些明顯的事情上可能犯錯，並不意味著我們應該懷疑自己的立場是否合理。這是懷疑論者的誤解，我們不應該被其迷惑。

我們應該經常問對方「你是怎麼得出這個結論的？」或類似的問題。如果對方的回答有任何模糊之處，就進一步追問，要求對方更清楚地解釋。這樣的問題是公平的，可以引起興趣並促進對話；它是探索性的，同時也很友善。這樣，你可以掌握主導權，而對方則需負責提供解釋。

請記住，你不必一次解決所有問題。在我看來，甚至不必一下子就把話題帶上本壘。你只需進入打擊區，你的前兩個可倫坡問題就能帶你到那裡。經常提問，然後看看聖靈會做些什麼。

// **本章學到的功課** //

　　在這一章中，我們學習了一些重要的內容。首先，我們瞭解了溝通策略的第二步：可倫坡策略的第二種應用。

　　這個策略基於一個合理的期望，就是人們應該要為他們認為是真實的事情或主張提供充分的理由。與其讓評論者隨意提出主張、要我們去反駁，不如讓他們自己為他們的信念或不信的事物進行辯護。

　　我把這個舉動稱為「轉移舉證的責任」。在任何爭辯中，提出意見、主張或觀點的人有責任為其辯護。你並不需要證明他錯了，而是他有責任證明他是對的。我們的第二個可倫坡問題「你是怎麼得出這個結論的？」（或其他變化版本）就是這樣一個工具。

　　這個問題之所以強大，有兩個很好的原因。首先，它確保你理解對方觀點背後的理由（如果有的話），它也讓對方思考他觀點的合理性。

　　其次，我們學到了基本論證的結構。意見並不能作為證據。真正的論證者不僅要陳述一個信念，還要用證據和理由支持他的信念，就像房子的牆壁支撐著它的屋頂一樣。屋頂放在地面上是毫無用處的，而沒有合理證據的意見也無法造成傷害。

　　當有人對你說「聖經已經修改過很多次了」或「你不需要上帝來獲得客觀的道德」或「有無窮多個宇宙，而我們的宇宙只是碰巧是看似被設計的那一個」時，不要沉默地後退。取而代之的是，你可以挑起眉毛說：「哦？你是怎麼得出這個結論的呢？」

　　僅僅通過講故事就反駁你的觀點是不夠的。另一種解釋並不等同於反駁。新的選擇不僅必須是可能的、合理的，還必須比你提出的觀點更有根據（綜合考慮所有事情）。

CHAPTER 6

———— • ————

當對話陷入困境：
兩種可靠的應對方法

對於在你的溝通策略中保持主導地位，你的前兩個可倫坡問題至關重要。此外，它們也可以在你陷入困境時派上用場，幫助你擺脫棘手的情境。

你可能會發現自己陷入兩種特定情況，這兩種情況讓你被迫處於防守地位，對方卻掌握主動，想把你帶到你並不打算去的地方，而你毫無準備。我把這兩種情況描述為「教授的手段」和「尷尬的處境」。

當你發現自己陷入這種困境時，如何扭轉局勢、恢復平衡，並引導對話朝更有益的方向發展呢？遇到這兩種情況，神探可倫坡的策略將對你有所幫助。

▶ 小心「教授的手段」

我之前提到可倫坡策略在職場上使用很有效，同樣在課堂上也可行，不過要小心潛在的陷阱。

有些教授可能會試圖挑戰基督徒學生的信仰，甚至在課堂上公然表露這種意圖。有位學生告訴我，他的教授在開學第一天要求所有基督徒舉手，然後他撇了一下嘴，說：「等我教完，你們就不會再是基督徒了。」

這些教授喜歡在講台上欺凌基督徒，即使課堂內容與宗教無關。他們可能會說：「聖經只是一堆寓言和童話。」有些善意的信徒可能會挺身而出、舉手應戰，試圖與教授對峙。

不要犯這個錯誤。這樣做雖然是正確的，但並不明智。這種方法很少奏效，因為它違反了一個基本的參戰規則：永遠不要對一個地位穩固的強大力量進行正面進攻。在這樣的交流中，存在一條不成文的自然法則：擁有麥克風的人總是佔上風。教授們通常佔據著戰略上的優勢，他們自己也深知這一點。當你在論證火力上處於劣勢時，盲目進行權力爭奪是不明智的。

有更好的方法。你不用逃避，相反地，要使用你的策略，舉手提問。首先，你可以問：「教授，您能更詳細地解釋您的意思嗎？您所說的是什麼樣的寓言？您認為聖經中的文本是否有任何歷史價值？書中的所有內容是否都是某種幻想的產物？您的觀點是什麼？」請注意，這些都是第一個可倫坡問題「你是指什麼？」的創意版本。

讓教授為自己的觀點解釋。作為一個好學生，仔細聆聽他的回答並做筆記。如果有必要，提出進一步的問題來釐清。如果他在表達觀點時有所遲疑，其他學生也會注意到。如果他在說明他

的立場時遇到困難，那顯然他對他提出的挑戰還思考得不夠深入。

當你確信自己對他的觀點有清晰的瞭解時，再次舉手問他是如何得出這個結論的。請他一一解釋是哪些證據使他認為這些古老記錄的所有內容都不值得他認真對待。讓提出這個主張的老師負起舉證責任。這使你能夠保持參與，同時巧妙地避免權力爭奪。

你的互動可能會順利進行。然而，教授可能會懷疑你是基督徒，正精心運用提問來操控他以取得優勢（這是可能的）。如果這樣的情況發生，他可能會試圖改變對話方向，揭露你，利用轉移注意力的策略來打斷你的努力。這正是我提醒過的一種陷阱。

「你一定是那種基本教義派的基督徒，」他可能會說：「認為聖經是上帝的啟示，上面每一句話都是真實的。」他看了看手錶，繼續說道：「好吧，我要公正一點。我們還有一些時間。你為什麼不站起來，向班上其他同學解釋，為什麼你認為聖經不是一堆寓言，而是絕對可靠的上帝話語呢？你開始說吧。」

現在思考一下教授剛剛所做的事情。他巧妙地將舉證責任迅速轉嫁給你，這是不合理的——因為你並未提出任何主張。他才是提出觀點的人，應當由他來辯護。畢竟他是老師。

不要上當。陷入這個陷阱幾乎總是致命的。教授試圖讓你做他的工作。不要讓這種情況發生。

相反地，當你面對任何形式的「你來證明我是錯的」的挑戰時，禮貌地將責任歸還給主張者本人。

「嗯，教授，」你可能會說：「您並不知道我的觀點，因為我根本沒有表達。無論如何，我並不是反對您的觀點。更重要的是，我的觀點、我相信什麼並不重要。這裡討論的是您的想法，而不是我的。我只是一個試圖學習的學生，而您是教授。我所做的只是要求您闡明您的觀點，並想知道您是否有好的理由來支

持。」

　　如果他回答了，感謝他解釋自己的觀點，然後提出另一個問題或者暫時放手。在這種情況下，你已經盡了最大的努力。

　　「教授的手段」是一個人試圖將他的主張的舉證責任轉移給別人。教授（在這個案例中）要求學生為他們沒有表達的觀點辯護，這樣就規避了他自己對其信念進行解釋的責任。

　　不要害怕質疑你的教授。挑戰他們，但要用你的方式，而不是他們的。用優雅、尊重和技巧來進行。你不必是每個主題的專家，也不必擁有所有的答案。即使你對某事知之甚少，如果你提出正確的問題，你仍然可以取得成效。

　　每當有人（無論是教授還是其他人）提出爭議性的主張，然後說「你來證明我是錯的」，不要參與他們的遊戲。不要讓他們使你做他們應該做的工作。如果你保持「舉證責任在提出主張的人身上」，這會消除你的壓力，但仍然允許你引導對話。

　　記住這個重要的原則：你是掌握對話的一方。你不必讓自己陷入你不想處於的妥協位置。不要粗魯或處於防守，但也不要讓自己被欺負。當你保持提問模式時，你就處於安全區域。

▶ 擺脫「尷尬的處境」

　　當你發現自己在對話中處於說服模式，卻碰上一位具有攻擊性的挑戰者，並且感到無法應對時，這就是第二種困難情況。你的前兩個可倫坡問題可以幫助你解決。

　　也許對方對這個問題的瞭解比你更深，也許你反應不夠敏捷，無法跟上激烈討論中的快速反應者。無論是哪種情況，你都超出了自己的能力範圍，而你也知道這一點。這種尷尬的處境往

往不會令人愉快。我想教給你一個可以擺脫這種困境的方法[1]。

　　但在我這樣做之前，我想問你一個問題。當你發現自己被潮水般湧來的訊息淹沒，或者被一位聰明的挑戰者擊敗時，此時誰掌握了對話的主導權？當然不是你，這正是你感到不舒服的原因所在。

　　在這種情況下，策略至關重要。可倫坡問題可以幫助你在被對手壓制且陷入困境時管理對話。它們能使你從被引誘進入的尷尬處境中機智地脫身，並獲得一些思考時間。

　　當你處於尷尬的情況時，不要再試圖回答對方的挑戰或反擊對方的觀點。你已經意識到自己無法勝任這項任務。相反地，利用對方的能量轉化為你的優勢，練習我所謂的「對話合氣道」。

　　合氣道是一種巧妙的自衛方法，它將對手的前進慣性利用在對你有利的地方。在這種情況下意味著讓對方說話，但引導他的力量，使攻擊無效並轉化為你的優勢。

　　操作方法是：當你在對話中感到自己被壓制並且手足無措時，不要繼續爭辯你的立場。相反地，利用前兩個可倫坡問題，通過要求澄清和理解的問題來扮演對方觀點的學生。例如：

　　哇，聽起來你對這方面的瞭解比我多，你提出了很有趣的觀點。我的問題是，這對我來說都是新資訊。我想知道你能不能幫我一個忙：我真的想理解你的觀點，但你需要放慢一點，這樣我才能正確地理解。你能花點時間仔細解釋你的觀點以及

---

1. 擺脫尷尬的處境與應對強勢者（一個好戰、咄咄逼人、持續打斷他人說話的人）是不同的挑戰。在尷尬的處境中，你被一個人的訊息和溝通技巧所壓倒，而不是因為他的攻擊性和粗魯。我將在第十四章向你展示如何應對一個強勢的人。

支持它的理由，來幫助我更好地瞭解嗎？

　　當你做出這樣的回應[2]，它為你贏得寶貴的時間。這也表明你不懼怕對方，並且你有興趣認真對待他的觀點，確保你理解他的想法，如果需要，就筆記下來。當所有問題都得到回答時，以這句神奇咒語結束對話：「謝謝你，現在讓我想一想。也許我們以後可以再聊。」

　　「現在讓我想一想」這句話就像魔法一樣，因為一旦你說出來，你就解除了自己在當下進一步回應的任何義務。所有的壓力都消失了，因為你已經承認自己無法應對，需要更深思熟慮這個問題。

　　現在誰在掌握主導地位？當然是你。你放鬆地聆聽，是一個學生，而不是挑戰者。你巧妙而優雅地翻轉了局勢。你已經迴避了一個你無法回答的挑戰，化解了對抗。壓力解除了，但你仍然保持參與。

　　想一想這種方法有多有用。與其試圖抵擋別人的攻擊力量，不如閃開，讓她佔據主要地位。你邀請他慢慢地、清晰地陳述他的主張，這樣你就有機會充分理解他的觀點。

　　接下來你該做什麼？你要做你說過的事情：**你要好好想一想**。在壓力消失的情況下，獨自在你的空閒時間裡做功課。研究這個問題，在這個過程中尋求他人的幫助，下次更有準備地回來。

　　你甚至可能想要使用筆電，打開一個檔案，根據你之前的筆記來記錄問題及其細節。然後，根據你的研究擬定一個回應。回顧你所寫的內容，大聲朗讀幾次，或者與朋友進行角色扮演。如

---

2. 記住，這是一個範例回應。請隨意根據你的情況進行調整。

果你的討論是一場偶遇的一部分，你可能無法再次與同一個人討論這個話題。但當這個問題在你與其他人的交流中再次浮現時，你會做好準備並掌握這個問題。

當你面對新的挑戰時，開啟另一個檔案，重複相同的步驟。你會驚訝地發現，你的筆記本不久後將涵蓋了所有基本問題。其實問題並不那麼多。

這裡的關鍵是擺脫尷尬的局面，但仍然保持參與。你巧妙地將對話的控制權重新轉回你，同時將焦點和壓力重新轉移到他身上。這不是撤退；這只是一種不同類型的參與。它極大地降低了你的焦慮水平，增強了你的信心，使你在下一次更有力。

如果你採取這種方法，任何人的自尊心都不會受損，因此沒有輸家。你只是要求更有攻擊性的人給你他最好的一擊。本質上，你正在邀請他做他一開始想做的事情——揍扁你。你只是給了他完整的機會。所以讓我問你一個問題。有沒有你認識的基督徒（即使是最內向、害羞、怯懦、膽怯或保守的人）無法做到這一點的？有沒有人不能說：「你想揍我？好的，請揍好揍滿。」任何人都可以做到這一點。這很容易。這個小技巧讓最膽怯的基督徒也能馴服一個暴君。

▶ 當對方想轉移話題該怎麼辦？

我將以提供一個小提示作為這一章的結尾。這是一種簡單的方式，可以讓討論更加清晰，或者揭示那些不正當地逃避你的觀點或以某種方式扭曲論點的人。

當你讓對方為他們的主張提供證據，或者用問題揭露他們的錯誤思維時，許多人可能會開始感到困惑。當一個人對他的主張

沒有深思熟慮時，逃避你的問題可能是他唯一的手段。他可能會試圖改變話題，或以其他方式重申他的觀點。

當這種情況發生時，你可以嘗試「敘述性辯論」。在某種程度上，讓自己暫時退出對話，把討論的轉折點描述給對方。這將幫助他（以及其他聽眾）看到他是如何偏離主題的。你可以這樣說：

我希望你注意到我們的談話剛剛發生了什麼變化。首先，你提出了一個相當有爭議的觀點，我問了你幾個問題。到目前為止，你都還沒有回答，反而轉到了另一個方向。在我們轉向新話題之前，你是否同意我們先結束舊話題？我真的對你的回應很感興趣。

然而，有時可能會出現不同的問題。你正在交談的人可能根本不在乎真相。相反，他可能只是為了在某種知識競技中取得分數而進行操弄，特別是如果有其他人在聽。他用巧妙的修辭和微妙的轉移或扭曲來代替理性的觀點。如果你保持警覺，就能抓住他言語上的破綻，並優雅地揭穿他。

以下是在討論宗教多元主義時，冷靜地敘述常見的人身攻擊的例子：

你注意到剛才發生了什麼嗎？我對你認為所有宗教都通往神的想法提出了質疑，而你的回應是侮辱我——確切地說是稱呼我為一個偏執狂。你轉移焦點。我們正在談論一個問題，然後你攻擊我的品格。你為什麼這樣做？

在與一位網路上知名的無神論者進行的電台對話中，這位無神論者一直試圖以最不討好的方式扭曲我的觀點，以便更容易攻擊我。這顯然是一個稻草人謬論的例子，我透過敘述他的操作來揭露他：「我希望其他人注意到你剛剛做了什麼。你問了我一個問題，我回答了你，然後你對聽眾扭曲我的觀點作為總結。我指出這是一種扭曲，你卻說：『這是我對你的觀點的解釋。』即使你知道你錯誤地理解了我的觀點，你仍然堅持那是你的解釋。我只是想讓每個人清楚你在做什麼。」

當你面對一個試圖避重就輕或不誠實的人時，不要讓他逃避問題或扭曲論點。敘述性辯論可以幫助對方保持誠實，同時保持對話的和諧。鼓勵他澄清自己的觀點，指出他可能犯下的錯誤。迫使他面對現實是改變思想的第一步，無論是對他還是其他聽眾。

> 人們通常會提出空泛的抗議——表面上顯得有力，但一旦受到深入檢驗，往往難以自圓其說。敘述性辯論通常能揭露這些虛張聲勢的抗議背後缺乏實質的支持。

// **本章學到的功課** //

　　首先，我們學會了如何對應「教授的手段」，這是他人常用的一種手法，用來避開他對其主張所應該負擔的舉證責任。

　　這裡有兩個重要原則指導我們。第一，當你處於不利的情況時，不要讓自己陷入爭奪對話主導權的遊戲中，反而要使用你的策略。第二，當你沒有提出主張時，拒絕承擔舉證的責任。將這個責任轉移到它本來該在的地方——對方身上。不要讓霸凌者使你處於挨打局面。你是掌握對話的一方。

　　接下來，我們學會了如何使用可倫坡策略來擺脫尷尬的處境。當你發現在激烈的討論中被一個反應快速的人所壓制時，可以使用「對話合氣道」，從說服模式轉換到尋找事實模式，立即成為對方觀點的學生。提出深入的問題來釐清，而不是試圖贏得你的辯論。然後使用神奇咒語：「讓我想一想。」一旦你理解了對方的觀點，就能在壓力消失的情況下自在地處理問題。

　　這個方式是清晰地概述對話中對方的不當舉動，例如逃避問題、使用巧妙措辭的詭辯或扭曲的推理。

CHAPTER 7

——•——

可倫坡策略第三步：
利用提問來建立論點

到目前為止，我們已經討論了如何以特定的方式運用可倫坡策略。我們透過友善的問題來收集兩種信息：對方的觀點及其背後的原因。我強調了這種方法的一個優勢是它主要是一種被動的過程。我們沒有承擔任何風險，因此也沒有壓力。我們不需要為任何事情辯護，所以也不會有風險。

比起前兩種用法，可倫坡策略的第三種用法更傾向於進攻，但以一種無害的方式。我們仍然透過提問來維持低風險與舒適感。但在這種情況下，我們的提問有著不同目的，所以我們使用的是引導性問題。

正如其名，引導性問題是為了引導對方朝向我們希望他們走的方向前進。在我們策略的第三步中，你將使用問題來表達觀

點。想像自己是一名射箭手，你的問題就是你的箭，你希望射中的目標就是你想表達的觀點。確定目標至關重要，因為如果你要透過問題表達論點，你必須先清楚自己想要建立的論點。

在不同情境下，你的目標可能有所不同。有時你希望透過問題間接解釋或推進你的想法，你的問題將針對這個目標；有時你會使用問題來設定對話的條件，使自己在下一步處於更有利的位置；有時你的目標是揭穿你認為是錯誤或有缺陷的觀點。還有一種巧妙的方式，可以通過問題將對手納入，利用他的力量幫助你建立他觀點的對立面，請一直使用問題來進行。

在每個情況裡，當你提問並獲得肯定的回答時，你的問題就完成了兩件僅靠陳述不能完成的事情。首先，對方告訴你他理解這一點。其次，他告訴你他同意，或至少是暫時同意，並在思考過程中與你一同前進。

最終，我們希望贏得人們對我們觀點的支持，但不希望對話讓人覺得我們把自己的意見強加給別人。相反地，我們想要溫和、理性地說服他們。

如果我們得出結論的步驟是明確、直接而合理的，因為對方能清晰看到思考的脈絡，就更容易跟隨我們的思路。他甚至可以在需要時自行追溯這個脈絡。透過每個問題，我們引導他更接近我們的目標。

> 當你在推理過程的每個步驟中獲得認同時，你就把對話引向了你心中的方向。透過這種方式，你有效地引導對方到達你的結論。請記住，你是掌握主導權的人。

可倫坡策略的第三種用法在實際應用中有不同的方式。一般

來說，你的引導性問題將用於提供訊息、說服、反駁或設定討論的條件。讓我為你展示一些在實際對話中運用它的具體例子。

▶ 告訴他們一些他們已經知道的事

有時，最有影響力和說服力的問題，是提醒人們一些他們已經知道的事。

我的這段經歷印證了這一點。在從諾曼第到巴黎的火車上，我遇到一位住在德國的美國大學生夏儂。夏儂成長於一個基督教家庭，接受基督教大學的教育，她形容自己與主有著堅固的關係，但她對信靠基督的人是如何迷失方向的這件事感到困惑。

「如果是相信上帝的人呢？」她問道：「那些真誠地遵從自己宗教並盡力做到最好的人。」

我經常從非基督徒那裡聽到這種問題，但我也很常從自認是信徒的人那裡聽到這種問題。我猜想夏儂已經知道夠多，足以回答自己的問題。她只是還沒有把那些元素結合在一起。

「為什麼最初有人要成為基督徒呢？」我問：「你和我都是基督徒。信靠耶穌有什麼好處？」

「耶穌拯救我們。」她回答。

「拯救我們免受什麼？」

「祂拯救我們免受我們的罪。」

「沒錯。你可以說我們有一種叫做罪的靈性疾病，耶穌在十字架上做了一些治癒這種疾病的事情。」

她點頭。

「只要相信上帝就能治癒這種疾病嗎？」

思考片刻後，她說：「不行。」

「盡力做一個好人、做到真正的虔誠或是對人真誠，就能治癒這種病嗎？這些事情中的任何一項能寬恕我們的罪嗎？」

她搖頭。不，這些事情本身不能消除我們的罪。

「我們仍會因我們的靈性疾病而死，不是嗎？」我說。

她同意。

然後我把這一切串聯在一起。「如果宗教、真誠或是盡力而為不能拯救你我，那麼這些事情中的任何一個又怎麼能拯救別人呢？要麼是耶穌透過在十字架上為我們的罪受罰來拯救我們，要麼是我們沒有得救，必須為自己的罪付出代價。就這樣，沒有更複雜的了。」

我希望你注意到這段對話中的三個重要事情。

首先，我並沒有向夏儂提供新的信息，而只是提醒她一些她已經知道、但還沒有與她的疑慮連結起來的事。其次，我幾乎完全是通過提問來完成這場交流。然而，還有第三個細節，這可能是你沒有想到的。

請記住，第一章提到基督大使的首要責任是具備知識──也就是對事物的確切理解。僅僅知道人們必須信靠耶穌才能得救、否則將面臨審判是不夠的。如果我們只向人傳達這一點，而沒有準確地解釋為何耶穌的角色如此重要，那麼人們可能會認為上帝很小心眼，只因為對基督教神學中一些看似不相關的細節抱持不同看法，就將人們送往地獄。

這就是問題所在：在解釋耶穌是唯一救恩道路之前，我們必須先深入瞭解為何耶穌是唯一的救恩之道，這樣才對他人有所幫助。如果缺乏這種知識，可倫坡策略的第三步對這個問題將無濟於事。

➡ 扭轉局勢

可倫坡策略也可以幫助你擺脫另一種困境。有時，你可能需要使用提問的方式來開啟對你最有利的對話。

我有個朋友是一位深信基督教的女性，她的老板是一位女同性戀者。這本身並不是問題。我的朋友有足夠的成熟度，知道不能期望非基督徒像基督徒一樣生活。她的困難在於她的老板想知道她對同性戀的看法。這很尷尬。

> 如果在你所處的情境中，你懷疑自己的信仰會被貼上不寬容、偏執、狹隘、批判的標籤，就使用可倫坡策略來扭轉局勢吧。

當有人問你對一個爭議性問題的個人觀點時，先提出一個有助於你回應時能創造有利場面的問題。以下是我建議我的朋友用來回應她老板的方式：

您知道您現在問的這個問題實際上是一個非常個人的問題。我不介意回答，但在這之前，我想知道發表我的觀點是否安全。

所以，讓我先問您一個問題：在這些議題上，您認為自己是一個寬容的人還是一個不寬容的人？給出我的意見是否安全，還是您會因為我的觀點而評斷我？您是否尊重多元的觀點，還是會譴責其他人擁有與您不同的信仰？

你當然明白我在做什麼。我正在利用對方的價值觀，將其轉

成對我有利的狀況。儘管政治正確的族群經常很不一致，但當他們被問及相關問題時，他們還是會堅持肯定他們「寬容」的價值觀。如果你先以這種方式為你的對話設定前提，那麼當你提出觀點時，任何人都很難在不顯得自己有罪的情況下說你不寬容或太狹隘。

　　探討這種問題建立在一個重要的見解上：在寬容的問題上不存在中立的立場。每個人都有他們認為是對的觀點，每個人在某個時候都會對某人、某事做出評斷。基督徒被歸納為狹隘的人，但事實上，每個人都在評判，即使是那些認為自己寬容和心胸開闊的人也是如此。

　　我將此稱為「主動消極的寬容把戲」。解套這個把戲的關鍵，是要知道每個人都認為自己的信念是真實的。讓我再說一次，這是很容易被忽視的：「每個討論中的每個人都堅信自己的觀點是正確的。」他可能**不知道**他的觀點是否正確，但他肯定**相信**它是。這就是為什麼他相信他所相信的。如果人們不認為他們的信念是真實的，就不會相信它，而是會相信其他東西，並認為那是真實的。

　　以下是如何使用可倫坡策略來利用這一見解的方法。當有人給你貼上狹隘的標籤時，只要問「你是指什麼？」就可以了，這是我們的第一個可倫坡問題。

　　當他說我狹隘時，我已經對這個人的意思有了相當的理解，但當我問「你是指什麼？」時，能夠更加明確他的定義，並在對我有利的情況下，為接下來的兩個問題打下基礎。對話會是這個樣子：

　　「你很狹隘。」

「你能告訴我這是什麼意思嗎？你為什麼會認為我是一個狹隘的人？」

「因為顯然你認為你是對的，每個不同意你的人都是錯的。這就很狹隘。」

「嗯，你是對的，我確實認為我的觀點是正確的。當然，我也可能是錯的。你想要的話，我們可以談談。但你呢？你似乎不同意我說的。你認為你的觀點是對的嗎？」[1]

「是的，我當然認為我是對的。但我不像你這樣不寬容。」

「這是讓我困惑的部分。為什麼當我認為我是對的時候，我是不寬容的；但當你認為你是對的時候，你就是對的呢？我錯過什麼了嗎？」

當然，在這段交流中，**我並沒錯過任何東西**；他才錯過了。他的舉動僅僅是簡單的謾罵。

當有人給你貼狹隘的標籤時，這跟說你很醜陋沒有什麼不同。前者是對你性格的攻擊，後者是對你外表的攻擊。在評估你們兩個正在討論的想法的優點時，這兩者都沒有用。你們雙方都認為自己是對的，但只有一個人被公開指責，那就是你[2]。這就是寬容的把戲。

---

1. 在這一點上，他可能會試圖規避你問題的影響，並說：「我認為我的觀點對我來說是正確的。你試圖強加你的觀點給別人，而我不是。」我把這稱為後現代雙步舞，因為這是知識上的不誠實。對方與你對話的所有原因就是要糾正你，他認為你應該接受他更加「寬容」的觀點，而不是你所持有的「傲慢」和「不寬容」的觀點。他想改變你的看法，因為他認為他的觀點是正確的，而你的是錯誤的，這正是他對你提出不寬容指控的原因。

2. 我在這裡使用的方法也是你將在第十一章學到的策略的一種微妙形式。他的嘗試是自我損害的，因為他正在做他指責我做的事情。

回應人身攻擊的最快方法，就是用一個問題把它點出來。當有人攻擊你而不是你的論點時，問：「我對你的回應有點困惑。你為什麼改變了話題？就算你在我的性格上說的是對的，但你能解釋一下這與這個問題有什麼關係嗎？」

▶揭示論點的弱點或缺陷

你可能已經注意到了我應對寬容的把戲時的獨特之處。我的提問不僅僅是為了在對話中取得更有利的地位，這次我還使用了可倫坡問題來挑戰對方的觀點。

一旦你清楚地瞭解一個人的觀點及其背後的原因（可倫坡策略的第一和第二步），你就可以巧妙地運用可倫坡策略的第三步，揭露你在他們觀點中發現的弱點或缺陷，或者輕輕挖掘你察覺到的難題。這種方法我曾在威斯康辛的一個案例中使用過，當時我問一個女巫是否能夠殺死因亂倫而生下的嬰兒。

在閱讀強納森・威爾斯（Jonathan Wells）的《進化論的聖像》（*Icons of Evolution*）時，我偶然發現了一個很好的例子，對達爾文主義進行了精彩的評論。以下的對話就是一個學生溫和運用可倫坡策略第三步的例子。

老師：好的，讓我們用一個快速的複習來開始今天的課。昨天我談到了同源性（不同生物在某些身體部位結構的顯著相似性）。課本中展示的脊椎動物四肢的同源性特徵，為我們提供了最佳的證據，說明生物是從共同祖先進化而來的。

學生：（舉手）我知道您昨天已經講過了，但我仍然感到困惑。我們如何知道特徵是否同源呢？

老師：如果你觀察脊椎動物的四肢，你會發現，儘管它們已經適應於執行不同的功能，它們的骨骼模式在結構上還是相似的。

學生：但你昨天告訴我們，儘管章魚眼睛的結構與人類眼睛很相似，但這兩者並非同源。

老師：沒錯。章魚和人類的眼睛不同源，因為他們的共同祖先並沒有這樣的眼睛。

學生：所以，儘管相似，也不是同源，除非他們是來自共同的祖先？

老師：是的，現在你明白了。

學生：（一臉困惑）實際上，我還是感到非常困惑。您說同源特徵為共同的祖先提供了最佳證據。但在我們能夠判斷特徵是否同源之前，我們必須先知道他們是否來自共同的祖先。

老師：沒錯。

學生：（搔頭）我一定是漏掉了什麼。聽起來好像您在說，我們知道特徵來自共同的祖先，是因為它們來自共同的祖先。這不是循環論證嗎？

我們再來看一個使用可倫坡策略來揭露弱點或缺陷的例子。讓我們重新回顧第六章中與教授的對話。在那裡，我們學到了避免被「教授的手段」所迷惑，方法是讓教授為他的主張負擔舉證的責任，而不是讓他將這一責任推給我們。

我建議追問教授，為他的觀點提供佐證的理由（在那個例子

中，聖經只是一堆神話和寓言）。假設他回答說「我會說聖經是神話，是因為它裡面說到奇蹟」（這是唯物主義者[3]常見的思維方式），這個寶貴訊息為下列問題奠定了基礎：

學生：為什麼這意味著聖經是神話或寓言呢？

教授：因為奇蹟是不會發生的[4]。

學生：您怎麼知道奇蹟不會發生？

教授：因為科學已經證明奇蹟不可能發生。

　　我碰巧知道科學根本沒有證明這樣的事情，也不可能證明。因為科學只測量自然的原因和效應，從根本上來說，它無法排除超自然的原因[5]。擁有這個資訊，我現在可以提出決定性的問題：「教授，您能否解釋一下科學的方法究竟如何否定了超自然事物的可能性？」

　　教授在這一點上無處可逃，因為根本不存在這樣的科學證據。否定非自然的事物不屬於科學的範疇，科學從未提出任何實質證據來表明超自然事件不可能發生。

---

3. 唯物主義（也稱為自然主義和物理主義）的觀點認為，除了受自然法則支配的運動中的物質（物理）事物外，什麼都不存在。儘管有例外，這是無神論者、人文主義者、世俗主義者、達爾文主義者和共產主義者的標準世界觀。

4. 注意，教授現在提出了一個有爭議的主張。這意味著他對此負有舉證責任，帶出下一個可倫坡問題。

5. 教授犯了一種類別錯誤。當提出一個問題或做出一個立基於不該屬於該類別事物的特質的主張時，就會發生這種錯誤。如果我問「你的思想有多重？」或者「黃色聽起來是什麼樣的？」我就犯了這個錯誤。科學不能使用其經驗主義方法排除非物質領域的任何事物，就像一個人不能因為他沒看到隱形人而排除他的存在一樣。

相反，科學（以及教授）根據自然主義哲學，在看證據之前就基於先驗的理由[6]假定奇蹟是不可能的。因此，任何對超自然跡象的歷史參考，教授都認為那是神話或寓言。你提出的簡單問題和隨後的長時間沉默足以突顯你的觀點：教授假定了一件他自己應該提供證據的事情。

> 可倫坡策略的優勢之一是不必主張你希望其他人相信的事情。你不需要承擔舉證的責任。相反地，你以一種完全不同而更有力的方式達成你的目標：你使用問題來替你講述觀點。

▶ 讓對方自己把拼圖擺上檯面

在當地一家巴諾書店（Barnes and Noble）的新書發表會中，我討論了一個有爭議的問題：為什麼耶穌是唯一的道路。那天晚上，我遇到了一位猶太人，他不理解他為什麼需要耶穌。他相信上帝，也努力過著道德的生活，但對他來說，重要的是他的生活方式，而不是他的信仰。以下是我如何使用可倫坡問題引導他對十字架的正確理解。

我一開始說：「讓我問你一個問題。你認為犯下道德罪行的人應該受到懲罰嗎？」

---

6. 先驗（a priori）是指在發現過程之前，或者說在感官經驗的過程之前就已經知道的事物。它通常用來描述被帶到檯面上最先作為討論的定義性元素的哲學承諾。這些承諾決定了證據將如何被看待，或者它是否會被考慮。先驗與後驗（a posteriori）相對，後者是在看完感官經驗的證據之後知道的事物。科學的結論只能基於後驗的證據，而不是基於先驗的假設。

「既然我是一名檢察官，」他笑著說：「我想我確實認為應該。」

在這一點，我運氣不錯，因為我本不知道他的職業是什麼。即便如此，大多數人都會直覺認為人們應該為他們所做的壞事付出代價，而不應該逍遙法外。因此，我的第一個問題就是依靠他的道德常識。

「很好，我也認為應該。」我同意他的看法，「現在，第二個問題：你曾經犯過道德罪嗎？」這個問題更加私人，但由於我們的對話是友好的，他並未感到不悅。

停頓片刻後，他點頭：「是的，我想我有。」

「我也有。」我再次坦率地同意他的看法：「這讓我們兩個都陷入了困境，不是嗎？我們都認為做壞事的人應該受到懲罰，我們也都認為我們做了壞事。」我等了片刻，讓話中的意義沉澱下來，「你知道我怎麼稱呼這事嗎？我稱之為壞消息。」

在不到六十秒的時間內，我用兩個簡單問題完成了一件不簡單的事。我成功地讓這名律師替我將我思維拼圖中的重要部分擺到檯面上。

我不必說服他是個罪人，他自己正在告訴我。我不必說服他應該受到懲罰，他自己正在告訴我。當他走進巴諾書店時，他當然沒有想到罪和審判，但我的問題喚起了他這方面的直覺，使我能夠利用這些來支持我的論點。

既然我們對問題有共識，現在是時候提供解決方案了[7]。這就是基督大使的知識特別重要之處。

「這時耶穌就發揮了作用，」我繼續說：「我們都知道我們有

---

7. 請不要錯過這裡正在發生的另一個至關重要的事情。我先向他宣告了壞消息，然後才講述了好消息。沒有人在得到糖尿病之前會太在意胰島素。壞消息使好消息變得更好，別忽視這一點。

罪，這是問題所在。所以上帝提供了一個解決方案：白白得到的赦免。但寬恕是按照祂的條件，而不是我們的。上帝透過耶穌來赦免，他親自代我們付清債務，他替我們承擔了罪行的罰款。沒有其他人能做到，只有耶穌可以。現在我們有一個選擇：要麼接受赦免而自由，要麼拒絕並自己支付實際罪行的代價。不是耶穌支付，就是我們支付。這是簡單的等式，而選擇取決於我們。」[8]

在這次對話中，我結合我對耶穌在十字架上所做之事的知識和可倫坡策略，處理了一個尷尬的問題。我的問題幫助我逐步引導這位律師找到了他問題的答案。

還有一個更微妙的操作，我在這位律師身上使用，也在本章提到的幾乎每個人身上使用，讓我在討論中處於優勢地位：**對方正在幫助我證明我的論點。**

我剛才提到，可倫坡策略可以巧妙地讓你的對手成為盟友，幫助你建立反對他觀點的案例。這是使用可倫坡策略來建立論點的核心部分。

想想看。律師的問題是關於耶穌在救贖中所扮演的獨特角色。要準確回答他的問題，就需要談論罪、罪惡感和審判等不太愉快的主題。我可以有兩種方式來處理這個任務。

● **第一種方式是我可以直接陳述事實：**比如我們都是罪人，包括他，我們都需要寬恕以免受到審判，這些是使耶穌的

---

8. 請注意，我使用法庭術語（法律用語）來清晰地表達我的觀點（「赦免」、「刑罰」、「罰款」、「罪行」）。這有兩個原因。首先，由於他是一名律師，法律術語對他來說是熟悉的，我使用他能理解並能產生共鳴的語言。在可能的情況下，將你的論點置於對方熟悉的語境或經驗中是一個好策略。其次，法庭術語是新約聖經中保羅用來描述贖罪的語言，因為它準確刻畫了基督在十字架上做工的元素。

犧牲變得可理解的所有必要細節。當然，這種方式的風險
是，每一步都可能引起反對意見，使我們陷入爭論細節的
泥淖，而與我們想要解釋的東西漸行漸遠。每一塊我試圖
放在檯面上的拼圖，懷疑論者都可能立即拿掉。

● **第二種方式是使用可倫坡策略**：這也是我所做的。我提出
問題，讓律師替我把重要的事實放到檯面上。這種方法很
強大，因為我不必說服他接受一些外來概念或有爭議的想
法。我只是透過提問，讓我把他放在檯面上的幾塊拼圖彼此
聯繫起來。一旦他確認了這些重點，他就很難再否認它們。

　　當然，想要讓你的對手成為你的盟友，你必須先知道如何應
對你所面臨的挑戰。然後，你必須思考你需要哪些拼圖來講明你
的觀點。最後，你需要制定問題，邀請挑戰者將這些拼圖放在檯
面上。

　　耶穌在〈路加福音〉7章41-47節中就做到了這一點。他描述
了一個理論上的情境，並要求晚餐主人西門（西滿）進行評估。
然後，他利用這個法利賽人的回答提出了他對於赦免的有力觀
點：愛得多的人，被赦免得也多。

　　假如你想說明上帝的存在是世界上客觀道德存在的唯一適當
解釋[9]。以下是我設計的一系列問題，目的是徵求懷疑論者的合
作：

● 你相信世界上存在真正的邪惡嗎？
● 你所描述的邪惡是客觀邪惡，還是只是不符合你喜好的

---

9. 這被稱為上帝存在的道德論據。

事？[10]

- 你認為區分善惡、是非的某種標準是必要的嗎？那個標準不能來自我們內部（相對主義）而必須來自我們外部（客觀主義），是這樣的嗎？
- 你認為那個外部客觀的道德標準來自哪裡？

我可以再繼續說下去，但我想你已經明白了。請注意，這種方法是透過先在你和對方之間建立一些共同點，為你的論點奠定基礎。用「我們是否同意……」或「你是否同意我……」這樣的開場白表明你在達成共識時願意站在他們那一邊，同時利用共識來推向你的結論。這是使用可倫坡策略建立論點最強大的方式之一。

▶ 找出缺陷

正如我所指出的，可倫坡策略的最後一步 —— 使用問題找出對方的弱點或缺陷 —— 更具挑戰性，因為這需要洞察力，去瞭解一個人的觀點出現了什麼問題。在找到之前，你必須能夠看到他論點中的一些弱點。但是你如何找出這個缺陷呢？

這並沒有特殊的公式來發現，你只需要保持警覺。在對話的過程中，你可能會注意到一些弱點、問題或矛盾，這些可以被揭露和利用。關鍵是要密切關注對方對「你是如何得出這個結論的？」這問題的回答。然後問自己：根據對方提供的證據，這個結論是否有道理？

---

10. 這個問題區分了客觀的邪惡和一些相對主義的形式，這種形式無法為我們正在討論的邪惡問題提供充分的基礎。

　　請記住，一個論點就像一間房子，屋頂由牆壁支撐。在可倫坡策略的這一步，你想弄清楚牆壁（理由或證據）是否足夠強大，能夠支撐住屋頂（對方的觀點）。

　　觀察、留意、反思。也許對方的評論已經提醒你他的觀點存在某些問題。是否有錯誤、非因果推斷[11]、邏輯謬誤或有哪裡不通？你能挑戰任何可能有缺陷的假設性論點嗎？無論你發現什麼缺陷，務必用提問而不是陳述來解決問題。

▶ 當對話卡住的時候

　　正如我先前提到的，可倫坡策略的第三種用法所需要的訊息，是前兩個可倫坡問題不需要的。你需要知道你期望的談話具體方向，以及你想透過引導性問題達到的明確目標。你是想用你的問題來釐清一個觀點、傳遞新信息，還是揭露一個弱點？在繼續之前，你必須知道要瞄準哪個目標。

　　這種技能需要時間來培養，所以如果你一開始發現自己陷入了停滯，不要感到驚訝或沮喪。在對話中使用提問而不是陳述，找出別人思維中的錯誤並不總是容易的。這需要練習，但隨著時間的推移，你會有所提升。在本書的第二部中，我將給你一系列策略，讓你更容易找出並揭露錯誤思維。

　　如果你發現自己在討論中無法進一步深入，或者感覺對方

---

11. 非因果推斷（non sequitur）字面上的意思是「它不相關」，描述了思考過程中的一個步驟與之前的步驟無關，結論不是由先前的陳述或證據推導出的。例如，聲稱福音書不可靠，因為它們是由基督徒編寫的，就是一個非因果推斷。不能說只因為福音作家是基督的門徒，他們就扭曲了對他的描述。相反，可以爭辯說，那些與耶穌最親近的人最有資格準確記錄他的生活細節——這一點並不是一個非因果推斷，而是根據證據的合理結論。

失去興趣，不必強行繼續對話。讓對話自然地結束，然後繼續前進。儘管如此，仍可將其視為一次富有成果的互動學習經驗。

請記住，作為基督的大使，你不必在每次對話中都擊出全壘打，你甚至不一定要上壘。正如我先前所說，有時候你只要上場就足夠了。你的前兩個可倫坡問題「你是指什麼？」和「你是怎麼得出這個結論的？」將幫助你順利進行談話，其他的會隨著時間和你與人面對面真實對話所獲得的經驗而來。

> 我們可能花費幾個小時協助某人仔細思考一個問題，卻從未提到上帝、耶穌或聖經，這並不意味著我們沒有在推動主的國度。當我們幫助他人更加慎重地思考時，就是朝正確方向邁出一步。即使沒有其他的，這也給了他們工具來解決最終會浮現的更大問題。

▶ 像鴿子一樣溫馴

我在本章開頭提到，可倫坡策略的第三種用法讓我們主動發動進攻。當然，風險在於我們進攻時可能冒犯到別人，但這兩者是不同的。沒錯，我們希望能夠指出一個觀點的缺陷或弱點（發動進攻），但我們不希望顯得張揚、居高臨下或自以為是（冒犯）。我們如何避免這個陷阱呢？

耶穌提供了這樣的建議：「你們要像蛇一樣機警，像鴿子一樣溫馴。」（馬太福音10:16）我認為他心中想的是，我們應該在對話時保持聰明，但在態度上保持純真。神探可倫坡在與嫌疑犯交談時一直非常有禮貌，小心翼翼地不冒犯他們，同時卻用巧妙的問題使他們措手不及。

　　以下是耶穌的見解如何應用於我們的溝通策略。有時候，面對反對意見的最佳方式不是正面對決，而是通過間接方式軟化挑戰。你可以用一些方式緩和可倫坡策略的第三種用法。

　　首先，可以考慮用提問的方式來緩和你的反對意見，並提出替代方案，使用「你有沒有考慮過……」來帶出你的擔憂，然後提供一個不同的觀點，輕柔地質疑對方的信念或面對你認為是他觀點中的弱點。以下是一些例子：

- 你有沒有考慮過，如果聖經只是人類編寫的，就很難解釋預言的應驗？你怎麼解釋這個？
- 你有沒有思考過：要在流傳於羅馬世界的每一本手抄聖經中增加有關耶穌神性的教義，會是多大的困難？這在實際上有可能做到嗎？
- 你有沒有考慮過邪惡的存在實際上是上帝存在的證據，而不是反對的證據呢？[12]
- 你有沒有想過，如果墮胎是可以接受的，那就很難譴責殺嬰，因為兩者之間唯一的區別僅僅是嬰兒的位置——在子宮內（墮胎）或在子宮外（殺嬰）？只是位置的不同，怎麼會連結到嬰兒的價值呢？
- 你有沒有考慮過，如果「耶穌是唯一救贖之道」是錯的，就很難稱他為一個好人、一位先知或一位明智的宗教導師？你對這個問題有什麼看法？

---

12. 魯益師在《我如何思考基督教：認識魯益師返璞歸真的信仰》（*Mere Christianity*）中以這個論點開場，這是他對基督教信仰很出色的介紹。我在第十二章會更詳細地闡述這個論點。

　　另一種軟化挑戰的方法是請求釐清，你可以這樣開始：「你能為我釐清一下嗎？」或者「你能幫助我理解這個嗎？」然後以溫和的方式提出你的不認同，挑戰對方的信念或指出對方觀點中的弱點。以下是一些溫和提問的例子：

- 你能幫我釐清一下嗎？如果耶穌的神性是公元四世紀初教會的杜撰，那你怎麼解釋在此之前的基督教文獻中所有關於神聖基督的記載呢？
- 你能幫助我理解這一點嗎？如果沒有證據顯示生命來自非生命——生命自發地從無生命物質中產生，從而啟動了進化過程——而且有很多相反的證據，我們怎麼能說達爾文進化論是事實呢？[13]
- 你能幫助我解決一個讓我困惑的問題嗎？如果「胸中燃燒」可以作為摩門經來自上帝的證據，那麼，為什麼人們在禱告中對上帝的強烈內在確信卻能成為拒絕這本書的理由？
- 你能幫我釐清一下嗎？如果同性戀確實是天生自然的，那為什麼自然會賦予同性戀男性適合與女性進行生殖性行為的身體，同時又賦予他們對與男性發生性行為的慾望呢？

---

13. 我充分了解，嚴格來說，達爾文主義僅是為了解釋經由天擇和突變的生命發展，而不是生命的起源，因為在天擇能夠推動進化前，必須先建立生殖生物系統。然而，更大的進化旨在通過純粹的唯物主義機制解釋整個生物學事業——從生命的起源到所有生物的完整、複雜的分類發展。因此，非生命起源（生命來自非生命）是達爾文主義必要的起點，這就是為什麼達爾文主義者花了大量墨水（徒勞無功地）試圖解釋生命如何在最初自發產生的問題，例如達爾文的池塘、生化預定論、1952 年的米勒－尤里（Miller-Urey）實驗等。

　　為什麼自然會給予一種性行為的慾望，但身體卻適合另一種？

　　這種方法如此吸引人的原因之一，是它顯示了對持不同意見者的尊重。首先，你努力（透過前兩個可倫坡問題）理解他的觀點，接下來你問：「關於你告訴我的觀點，我能問幾個問題嗎？」或「如果有好的理由，你是否介意考慮另一種觀點或從另一個角度來看？」通過徵求不同意見的許可，使交流更加友好，同時你也保持了主動權。

　　還有一種軟化的方法，嚴格來說，這可能不屬於可倫坡策略（因為它並不總是使用提問）。即便如此，它在溝通策略上的發揮還是具有價值。你可能會發現自己處於一種情況，要麼想不出一個問題，要麼使用問題似乎顯得尷尬或做作，那不如簡單陳述你的觀點。

　　在這些情況下，你需要一種友好的方式來引入你的觀點。以下是一些建議，你可以考慮。

- 讓我提出另一個建議，你告訴我是否覺得這是一種改進。如果不是，你可以告訴我為什麼你認為你的選擇更好。
- 我不會這麼說，以下是我認為可能更好或更準確的看法。告訴我你的想法。
- 我認為這樣行不通，我想說明為什麼，然後你可以考慮一下。你覺得這樣可以嗎？
- 我不太同意你的說法。想想這個……

這是在對話中保護自己的另一種方式。當你以「據我理

解……」或「這是我看到的方式……」來引入你的觀點,然後解釋你的立場並邀請回應時,你表明你對自己的主張是有條件的。這意味著,雖然你有信仰,但它們是可以討論和修正的。

這種方式不僅顯示出謙卑,也為你提供了一個安全空間。對方在交談過程中可能會指出你忽略的某些事情,如果你一開始以教條的方式表達觀點,當發現自己的想法有瑕疵時,可能會令人尷尬。此外,這樣的表達方式也讓你在心理上更自由,可以調整你的觀點。弔詭的是,當你的立場相對暫定時,你的論點反而通常更具說服力[14]。

---

14. 我並不是在暗示我們永遠不應該堅持立場,只是作為策略上的考慮,我們以一種保持選項開放的方式呈現我們的觀點。由於我們對真理的理解是可犯錯的,明智的做法是不要超出我們的證據所允許的範圍。這是恰當的認識謙卑。

// **本章學到的功課** //

　　在這一章中，我們學到了如何運用可倫坡策略走向一個全新的方向。

　　我們發現，除了用於收集信息或轉移舉證責任外，提問還可以是引導某人走向我們期望方向的有效方式。這樣的引導性問題通常比陳述更有效，可以解釋我們的觀點，以一種更容易表達觀點的方式設定討論，間接揭露他人思維中的缺陷，或者軟化對某人觀點的挑戰。

　　與可倫坡策略的前兩種用法不同，這種用法需要某種形式的知識。當我們知道自己想要達到什麼目標（提供訊息、說服、設定條件、反駁）時，我們可以使用引導性問題來實現我們的目標。使用可倫坡策略也可以是一種巧妙的方法，將對手納為盟友，幫助你建立論點。

　　如果某人的思維存在缺陷，找到錯誤的關鍵在於仔細聆聽其理由，並問自己對方的結論是否基於充分的證據。使用問題而非直接的陳述來指出錯誤，這樣的方式更有效且不會讓對方感到被指責。

　　當你認為對方的觀點可能有錯誤時，以詢問的方式來請求對方進一步解釋或澄清其觀點。例如在提出你的想法之前，使用「你考慮過……」或「你能為我釐清這一點嗎……」等措辭來提出替代方案（也就是你的觀點），這樣可以讓你的挑戰更加溫和而不具攻擊性。

　　這種方法不僅能夠創造一個友好的對話氛圍，還能在分享你觀點的同時，為你提供一個安全的表達空間。這樣

做有助於化解對方的戒心、避免讓其感到被攻擊，也使他
們更容易接受你的觀點和建議。

　　可倫坡策略的技巧會隨著你使用的時間而逐漸發展，
所以如果一開始你卡住了，不要氣餒。不要強迫進行沒有
足夠資源支持的對話，而是簡單地繼續前進，知道你在當
下已經盡力而為，同時信任上帝會進行必要的工作，從內
心改變對方。

CHAPTER 8

— • —

提升可倫坡策略的技巧

　　我們花了相當多的時間專注於一種策略，這是因為可倫坡策略非常重要，它是接下來各種策略的核心。

　　如果你一直在實踐我們談論過的內容，你可能已經發現可倫坡策略有多麼好用。你正在學習如何在不顯得強勢的情況下，推進以屬靈為目標的對話。你會意識到，提出簡單的問題是一種幾乎毫不費力的方式，即使你可能強烈不同意對方的觀點，也能與之進行有禮貌的對話。

　　然而，你可能已經注意到，很難隨心所欲聰明地回應。有時很難在一時之間想到新東西。你可能有辦法開啟對話，之後卻陷入困境。

　　完善任何一項新技能都需要時間和實踐。如果你剛開始學習一種運動，比如網球，你會花一段時間在練習基本技能上（正手

拍、截擊），然後，你會從其他人那裡得到反饋，幫助你改進你的擊球技巧。

　　同樣地，當你開始實際使用可倫坡策略時，你可能想知道是否有方法可以改進你的技巧，一種可以在壓力到來之前練習的方式。在這一章，我打算以具體的方式指導你，以提升你的可倫坡技能。

▶ 提高你的應變能力

　　一開始，你可能無法像我在前幾章中舉例的那樣，迅速地回應。相反，你可能會發現，最好的想法總是在你頭腦清晰、沒有立即回應壓力的情況下浮現。在所有的交流中，有兩個時刻是沒有壓力的：對話開始之前和結束之後。這正是改進你技巧的理想時機。

　　彼得提醒我們：「有人要求你們解釋心裡的盼望，要隨時準備答辯。」（彼得前書3:15）有三件事你可以用來準備自己的回應：你可以**事先預測**可能出現的情況；你可以**事後反思**已發生的事情；在這兩種情況下，你可以**練習**在這些反思時刻中想到的回應，這樣你就能為下一次機會做好準備。

　　首先，思考一下將來可能與他人就你的信仰進行的對話，並試圖預測可能出現的障礙。然後，考慮你可以用來應對這些挑戰的可倫坡問題，讓自己事先準備好。研究一個你經常被問到、或過去曾讓你困擾的問題，構思一些讓你快速回應的提問，這些提問可以讓你掌握對話的主導權。在腦中想像你使用你的問題進行對話的情景。

試著預測對方可能提出的反駁或抗辯。認真對待這些回擊，公正而清晰地陳述，以令人信服的方式來反駁它們。這樣，當這些反駁真的出現時，你已經做好了準備。

在我和《懷疑者》雜誌創辦人、知名無神論者麥克・雪默爾（Michael Shermer）的全國性廣播辯論中，我知道他會問我：「是誰創造了上帝？」因為在辯論中，麥克總是問這個問題（我有做過功課），即使他應該更瞭解這個問題。

我曾在我的另一本書中對這個問題給出直接的答案：「這個問題假定上帝是被創造的，但沒有人相信這一點，特別是基督徒，因此這不是有神論者必須回答的問題。一個永恆、獨立存在的存在沒有開端，因此祂不需要創造者。當然，這並不能證明這樣的存在，它只顯示相信上帝的人不必回答有關祂起源的不適當的問題。」[1]

由於我知道麥克可能會問這個問題，並且我知道如何回答，因此我能夠事先制定並練習一個回應。這樣，當問題出現時，我已經做好了準備。當時我是這樣回答的：「麥克，你不相信上帝被創造是因為你不相信上帝；我不相信上帝被創造是因為我相信上帝是永恆的。在這個對話中，沒有人相信上帝是被創造的，那你為什麼要問『是誰創造了上帝』呢？」

所以，提高你的可倫坡技巧的第一步，是提前計劃並進行練習。這種小小的準備需要一些努力，但會非常有效。在面對挑戰時，你的回應將會更加得心應手。

1. Gregory Koukl, *The Story of Reality* (Grand Rapids: Zondervan, 2017), 50.

　　這裡還有一種提高技巧的方法。在每次會面、交流之後，花點時間進行自我評估。立即反思如何才能更有效，對我來說已經變成一種習慣。我會問自己：**我做得怎麼樣？我能提出不同的問題或將對話引向另一個方向嗎？我犯了什麼錯誤？我下次能做得更好嗎？**在沒有壓力的情況下，替代方案會在我腦海中浮現。

　　這時，第一章中的「大使模式」就派上用場了。當我檢視自己是否符合基督大使的三個技能——知識（準確的信息）、智慧（巧妙的方法）、品格（吸引人的方式）——的時候，我就有了具體的焦點。我是否對問題瞭解充分？是否需要進一步補充知識？在對話中我是否運用了明智的策略？我的態度是否令人愉悅？我是否展現了恩慈、善良和耐心？

　　你也可以做同樣的事情。問問自己，你在對話中如何更有效地提問或表現。如果在會面中有朋友陪同，請求他的幫助，問他作為旁觀者，覺得你的表現如何？

　　這種評估一點都不難，而且可能很有趣[2]。當你回顧一次對話時，你就在為未來的機會做準備。下一次，這些新的想法將迅速浮現在你的腦海中。

　　最後，當你想到一個新想法或新方法時，要大聲練習。我經常這樣做。我試著預測我的新策略可能會出現的轉折，以及我將如何應對可能的反駁。如果我想到了什麼，我就模擬自己那一方。通常我會寫下或錄下我的想法，這樣以後可以回顧[3]。如果我

---

2. 觀看線上辯論或互動也是你和你的基督徒朋友磨練技能的低壓力方式。這讓你們有機會一起討論，看看你可能會說些什麼，或者在那些情況下你會如何應對。
3. 我的標準方法是使用智慧型手機的內建麥克風功能，對自己發送一封聽寫下的電子郵件，這樣就可以複製、貼上到文檔中，以便稍後查閱。這是我的實際應用之一：永遠不要讓一個好想法或有益的點子擦肩而過。

和朋友在一起，我會請他和我一起模擬演練。他可能會想到我沒想到的對話情境。此外，我們兩人都能從這個過程中學到東西。

有時，當我獨自一人坐在車裡聽著脫口秀節目時，我也會這樣練習。聽了主持人或來電者的一些評論後，我把音量降下來，假裝我的工作是回應他們所說的話。這就像是在現場直播，只不過我如果說了什麼愚蠢的話，沒有人會聽到。

這種練習方式增加了你的實際經驗，讓你可以安全地置身於實際對話中。當這些問題在現實生活中出現時，你將會準備就緒，因為你已經排練過你的回應。

在接受廣播、電視訪談、校園辯論或即興提問的情況下，我都以這種方式做好準備。聽眾可能會覺得我很聰明、反應迅速，但實際上情況不是這樣的。即使對話走向不可預測的方向，我的回答通常也不是即興演出。如果我早預料到會這樣並為此做好準備，我就不會驚慌失措。

這就是政治候選人為電視辯論做準備，或喜劇演員在脫口秀節目中「輕鬆自在」逗樂人們的方式。你可能永遠不會處於與他們相似的情境中，但這並不意味著你不能從他們的方法中學到東西。

> 如果你想提高你的可倫坡技巧，請記住這個重要真理：
> 即使是平時不愛考試的人，也不會介意提前知道答案。

當你努力提升自己的熟練度時，我相信你也會發現我所學到的一點。充分的準備可以增加你的信心，但最終你仍然需要實際參與互動。與他人面對面的互動是提升你作為大使能力最有效的方式。

▶ 我從錯誤中學到了什麼

　　在現實生活中，你難免會犯錯。要提升你的策略技能，就得習慣從錯誤中學習。讓我告訴你一個有點尷尬的故事，說明我是如何艱難學會這一點的。

　　在一個週日早晨，我在主日崇拜中教導可倫坡策略。當牧師結束禱告，我迅速走向中央通道，準備在教會出口迎接人們。然而，我卻發現一位年輕女士已經在那裡等著我，並伸出手來。

　　「我是基督徒，」她說：「也是佛教徒和異教徒。」

　　「嗯，在我看來，你好像對這些宗教都不太瞭解。」我回擊道。

　　在我繼續之前，讓我問你一個問題：我是否用了一個深思熟慮過的問題來應對她困惑的神學？沒有。我用一個未經思考的侮辱來蔑視她的智力水平。我的講道詞還在教堂內迴盪，而我卻已經違背了自己的建議。

　　幸運的是，她沒有對我的侮辱作出反應。相反，她冷靜地說：「我想我對這些宗教有點瞭解，而且我覺得沒有問題。」

　　回過神來，我提出了一開始就應該問的問題：「你認為耶穌對你的這段話會有什麼看法？」

　　「噢，我想他應該沒問題。」她說。

　　我沒有時間追蹤下去，因為湧出來的人群迅速把她帶走了。直到事後的自我評估，我才想到如果我有機會，我本可以問的第二個問題：「你能在福音書中為我展示耶穌說過的任何一個具體的事情，讓你覺得他會同意有人自稱是基督徒、同時是佛教徒和異教徒嗎？」

　　這個問題會讓她左右為難，因為耶穌沒有說過任何支持她觀點的言論。恰恰相反，耶穌是一位遵守摩西（梅瑟）律法的猶太

人，而不是條條大路通羅馬的多元主義者。

那天早上我對這位年輕女士提出的挑戰的應對並不夠靈活。相反的，我犯了大錯。然而，事後的自我評估給了我一些啟示。下次這個問題再次浮現時，我將已經準備好提出一些好問題。

讓我再舉幾個例子，這些都是我在對話中希望能說出、但直到事後才想到的話。

在第三章中，我提到了我與一位演員妻子關於動物權利的對話。這是那個晚上的結尾。當我站在門口感謝主人時，我問了最後一個關於我們討論的問題：「你對墮胎持什麼立場？」如果我有機會，這是我會問所有支持動物權利的人的一個問題。我沒有打算進一步爭論，只是單純想瞭解她的觀點。在我看來，這個問題的答案是評估一個動物權利支持者智力和道德完整性的標準。

她給了我幾乎每個我問過的人都給我的答案；「我是支持墮胎的。」她說，然後澄清了一下：「實際上我並不贊成墮胎，我只是不認為任何不被期望的孩子應該被允許降臨到這個世界。」

我感謝她坦率的回答，然後離開了。

開車回家的路上，我不禁思考她的最後一番話。我確信我錯失了一個機會，不過是什麼呢？突然間，我意識到她的回答有什麼問題——不想讓一個不想要的孩子降臨到這世界，可能是一個合理的避孕理由，但與墮胎無關。當一個女人懷孕時，孩子已經存在於這個世界，這個人類已經存在；嬰兒只是隱藏在母親的子宮裡，外面看不見而已。這位女士的回答是假定嬰兒在穿越產道之前，並不存在。

這個弱點可以透過提問來加以利用。我本可以回應她的評論，問她：「你認為不想要的小孩應該被允許留在這個世界嗎？」這個問題的答案將總是肯定的，除非有人支持殺嬰，我相信這位

女士絕不會這樣做。現在,最後一個問題的大門已經打開,這個引導性問題可以適當地為這場辯論定下框架:「那麼,墮胎的問題並不在於孩子是否被期待,而是一個女人在懷孕時是否已經**有了孩子**,不是嗎?」[4]

以下是我錯失另一個機會的例子。在俄亥俄州立大學的一個宿舍休息室,一名學生問我有關聖經和同性戀的問題。當我引述一些經文時,他迅速將它們拋之腦後。「人們總是扭曲聖經,讓它說出他們想要的話。」他嗤之以鼻。

我不記得當晚對他的具體回答,不過我記得,我對我的答案感到不滿意。在回飯店的路上,我對這次對話進行了更多的思考。我意識到與他的辯論是毫無意義的。他說的是無可爭辯的事實,人們確實總是扭曲聖經的經文,這也是我最大的抱怨之一。不過,我發現還有其他的問題,但一開始我說不上來。

突然之間,我明白了。這名學生的觀點並不是有些人扭曲聖經,他的觀點是**我**在扭曲聖經,但他並沒有證明這一點。他沒有指出我在應對他的疑慮時是哪裡偏離了方向,相反,他不喜歡我的觀點,所以他用「有些人扭曲聖經」的說法來搪塞我。

我很快就用問題(可倫坡一和二)寫下了一段簡短的對話,目的在於揭露這個問題。我還試著預測他的回應,以及我將如何利用它們來推進我的觀點(可倫坡三)。

這是我所想到的對話:

---

4. 我將這種對待墮胎的方式稱為「只有一個問題」,因為回答一個有關墮胎的問題是解開這一爭議性問題的關鍵。這就是那個問題:「未出生的是什麼?」正如我在其他地方所主張的,如果未出生的不是人類,就不需要對墮胎提出辯護。然而,如果未出生的是人類,那對選擇墮胎的辯護是不足夠的,因為任何人為了辯護墮胎所給出的原因,都不會是讓人剝奪有價值的人類的生命。我對那位演員妻子提出的引導性問題正是基於這一策略。

學生：人們總是扭曲聖經，讓它說出他們想要的話。

我：你說得對。這也讓我很不高興。但是你的評論有點讓我不懂，這和我剛才在同性戀方面所提到的觀點有什麼關係？

學生：嗯，你也在做同樣的事情。

我：所以你認為我現在正在扭曲聖經？

學生：是的。

我：好的，現在我明白你的意思了，但我還是有點困惑。

學生：為什麼？

我：因為在我看來，你不能只透過指出有其他人曾經扭曲聖經，就知道我現在是否在扭曲聖經，對吧？

學生：你是什麼意思？

我：我的意思是，在這次對話中，你需要做的不只是指出其他對話中有人扭曲了聖經。你認為你應該做些什麼呢？

學生：我不知道。是什麼？

我：你需要表明我實際上是在扭曲我給你提到的經文。你有沒有研究過我提到的那些經文？

學生：沒有。

我：那你怎麼知道我在扭曲它們呢？

當你掌握了可倫坡策略的技巧後，你會發現大多數人無法清楚解釋他們的觀點。這時會有強烈的誘惑，讓你想要像拿大棒子揍人一樣，強行使用你的策略技能。不要屈服於這種衝動。你的目標不是讓他們感到尷尬，而是幫助他們意識到自己的錯誤並開始思考。

你要做的是在他們的鞋子裡放一顆小石頭，而不是把石頭直

接砸在他們頭上。

> 一般來說，要努力建立共同點。只要有可能，就要肯定彼此的共鳴之處。給對方的動機最慈悲的理解，而不是最大的質疑。對待他人的方式應當如同你希望他人在你處於尷尬處境時對待你一樣。

　　一開始，你可能無法迅速應對挑戰。你最好的點子總是會在壓力解除後才出現。記下它們，大聲練習。試著預測對方的回應以及你的反擊是什麼。這真的很有價值。下一次，你就會準備好了。

▶ 可倫坡技巧的使用風格

　　可倫坡技巧有兩種基本的使用風格。第一種是神探可倫坡本人的搞笑風格——停頓、摸頭、貌似無害。對大多數人來說，這種方式應該是容易的，因為這往往是我們試圖在對話中找到立足點時的感受與表現。

　　第二種是更具對抗性和侵略性的風格，是律師在法庭上使用的技巧。在對話中，你採取的風格取決於你的目標為何。你想要說服對方，還是想要反駁他？說服通常顯得更友好，因為你的目標是贏得人心，不一定是贏得爭論。相比之下，律師想要贏得爭論，為了說服陪審團，他們必須反駁被告。

　　我的目標通常是說服，所以在大多數對話中，我採用神探可倫坡的友好方式。我以「我只是好奇」、「這件事情有些困擾我」、「也許我漏掉了什麼」或「也許你能為我釐清一下」等句子

開啟我的提問，以此緩和我的挑戰。

　　然而，有時我的目標不是說服我不贊同的人，而是說服正在旁聽的人。這是我在辯論中面臨的情況。我意識到贏得對手的心的希望很小，但觀眾通常更加開明。如果我能證明我的挑戰者錯誤，我可能會贏得很多那些尚未下定論的人心，只要我保持禮貌。在觀眾面前，咄咄逼人的態度從來不讓人喜歡。

　　在非正式的辯論中，我可以根據情況選擇任一風格。如果有人在聽眾面前與我對立，我可能會出於旁觀者的緣故選擇反駁的風格。特別是如果我的挑戰者好鬥成性、而我沒有信心他會被我感動，依照謹慎原則，我會選擇反駁他、說服觀眾。如果我是課堂上的學生，通常我影響其他同學的機會比說服教授的機會更大。即便如此，我還是會因為對老師的尊重，而採取更間接、輕鬆的方式。

── // **本章學到的功課** // ──

　　在這一章中，我們透過探索三種可倫坡策略的應用方式，來提升你作為基督大使的策略技能：

　　首先，試著預測可能會遇到的反對意見，並提前思考應對的問題，這樣你就能在壓力來臨之前制定好回應。

　　其次，在每次對話結束後，花些時間進行自我評估。問問自己在對話中是否更有效地提出了問題，或者是否能以不同方式更好地表達自己。特別是如果有朋友參與了對話，可以邀請他們一起參與這個過程。

　　最後，如果你想到了新的主意，要提前詳細計劃。把你的想法寫下來，構建一段在策略上的合理對話，然後大聲朗讀你的回應──包括對方可能的反駁。你可以獨自進行這個練習，也可以與朋友一起進行角色扮演。

CHAPTER 9

——— ● ———

當對方使用可倫坡策略，
如何應對？

　　可倫坡策略的正確應用在很大程度上取決於使用者的善意。我們提出問題的目的不是為了混淆，而是為了澄清討論中的議題、澄清我們的觀點，或者澄清我們認為對方犯的錯誤。

　　你可能會發現，不只你一個人能夠利用提問在對話中進行策略操作。其他人，包括那些不同意你的人，可能也知道如何做到這一點，有些人甚至很擅長。

　　那麼，當有人利用可倫坡技巧對你進行反擊時，特別是當你懷疑他的動機並不那麼高尚時，你該怎麼辦呢？當你認為另一個人的問題是在設陷阱、想操縱或羞辱你時，你該如何回應？

　　在這一章中，我想向你展示不同的方法，來對抗別人將可倫坡策略用在你身上。我還將敘述我在一家餐廳中與服務員進行的

一段較長對話，因為這是可倫坡策略的各種元素在單一對話中如何結合的很好例子。

在我談論如何有效應對可倫坡策略之前，讓我先澄清一點。當有人對我們問出前兩個可倫坡問題的其中一個時，並沒有什麼風險。我們應該歡迎對我們觀點的澄清，為我們的信仰提供解釋。我們需要防範的是可倫坡的第三種用法被誤用——用來反駁我們的誘導性問題。

要保護自己免受可倫坡策略的埋伏，關鍵在於遵循我之前提到的重要原則：保持對自己立場的完全掌控。你沒有義務與那些試圖透過引導性問題設局的人合作，只需要禮貌地拒絕回答即可。

對於不受歡迎的問題，可以這樣禮貌地回應：「在我們繼續之前，讓我說明一點。我感覺你希望透過問題來表達你的觀點，但這讓我感到有些困惑，因為我不確定應該如何回應。我更願意你直接陳述你的觀點，然後我再考慮我的回應。你覺得這樣可以嗎？」

請注意，這是在第六章中討論的讓你擺脫困境的策略的簡化版。你的回應迫使對方改變他的方法，他仍然可以表達他的觀點，但你避免了在過程中被困住。

還有其他情況，可倫坡技巧可能被用來對付你，這招不容易接，因為這些情境可能更加複雜或具有微妙的欺騙性。關鍵再次在於，提醒自己，誰是你說話時的主導者——是你。在面對言語霸凌時，這種心態有助於你保持堅定。根據我過去的經驗，我遇到過兩種類型的引導性問題。

▶ 來自新時代大師的挑戰

我在一場全國電視辯論中，面對了引導性問題的第一個版本，

對手是暢銷的新時代作家狄帕克‧喬布拉（Deepak Chopra）。他問了我一個你也可能無法避免被問到的問題。這是任何人都能問的最重要的問題之一，但也是最難回答的問題之一，原因有兩個。首先，正確的答案（簡單的「是」）極度政治不正確。其次，對普通人來說，這個簡單的答案也會被極大地誤解。

喬布拉博士期望這兩者都對他有利，他是這樣問我的：「你是說那些和你有不同信仰的人都要下地獄嗎？」

有人曾經說過，如果問題問對了，你就可以贏得任何辯論。喬布拉的挑戰就是一個典型的例子。一個簡單的「是」本應是正確的答案（適當地加以修飾），但這樣的答案會發送一個扭曲的信息，稍後你會看到。此外，喬布拉的措辭微妙地暗示我認為地獄是和我不同意見者的懲罰。

顯然，喬布拉博士的問題並不是為了澄清一個神學問題。相反，在當下的博弈中，他的挑戰是要在觀眾面前讓我聲名狼藉。如果我直接回答「是的，那些和我不同信仰的人會下地獄」，辯論勝負就立即分曉。喬布拉的提問將成功給我套上一層醜陋的刻板印象。觀眾將不會聽到耶穌提供了他們即將面臨的審判的拯救，反之，他們只會聽到一個基本教義者的傲慢和居高臨下，希望每一個不以他的方式看待事物的人都下地獄——這是實實在在的扭曲。這就是應對這種提問的危險所在。

在喬布拉的情況下，我決定迴避他的挑戰，而不是用一句簡短的陳述解決這樣一個微妙的問題。我只是說：「不對，這不是我在這裡要表達的重點。我正在提出不同的觀點。」

注意我是如何透過禮貌地拒絕，避免走進喬布拉的陷阱，以掌控我方對話。我沒有否認問題的實質內容，而是把它轉移了。試圖在電視上花費有限時間細緻地解釋自己所說答案的細微差

別，是不會有成效的，尤其是在喬布拉已準備好對任何可能出現的錯誤「開炮」的情況下。

相反地，我一直坐在駕駛座上，把他的問題當作我想要提出觀點的跳板[1]。不過，我必須保持警惕。像喬布拉這樣的問題並不是單純無害的。

對無神論者的溝通策略

你需要警惕的第二種具有欺騙性的問題更加微妙，因此也更加危險。有一整本書是為了幫助無神論者用問題來激怒你，讓你對自己的信仰產生無端的懷疑。

越來越多的無神論者從無神論哲學家彼得・博格西安（Peter Boghossian）那裡獲得策略建議，他寫了一本書《創造無神論者手冊》（*A Manual for Creating Atheists*），本質上是無神論者的策略手冊，其目的是幫助其他無神論者影響和說服別人，使你成為他們的一員。

博格西安稱他的方法為「街頭知識論」。他的策略獨特之處在於，他並不對支持無神論或反對特定宗教感興趣，這些議題他認為是不必要的。他滿足於僅通過提出問題，種下對你的信仰合法性的懷疑種子。這類似於我之前討論過的園丁概念，只是現在被一個無神論者使用。

---

1. 順帶一提，在現場辯論環境中，我對於如何使用可倫坡策略都非常謹慎，因為時鐘總是在滴答作響。對方獲得的時間越多，我就越難有機會表達我的觀點。我不想透過提問讓對手占據寶貴的時間，因為他可能需要很長時間來回答。一旦我放棄了主導權，要重新掌握局勢就變得困難。唯一的例外是當我擔任主持人的時候；在那種情況下，我是掌握麥克風的人，可以避免對話過於偏向一方。

　　博格西安的街頭知識論之所以危險，不是因為他們的主張正確無誤，而是因為他們非常聰明且友好。他們以友善的方式提出眾多問題，質疑你的信仰基礎，因為他們認為這些信仰缺乏實證支持。

　　博格西安教給無神論者的問題並不是為了釐清，而是為了使人困惑[2]。他們通常使用「如果……」的假設性問題，讓基督徒在沒有深思的情況下回答，而不自覺地陷入伏擊之中。

　　博格西安舉了一個例子，來顯示他如何在與一名摩門教保全[3]的對話中做到這一點，對方以宇宙的創造作為上帝存在的證據，並提出了宇宙如果開始存在，那必然存在一個創造者上帝的論點。

> **博格西安**：如果宇宙一直存在，那麼它就沒有被創造。如果它沒有起源，這意味著什麼？
>
> **保全**：（停頓）那就是沒有上帝？
>
> **博格西安**：是的，那就是意味著如此。

　　當然，這絕對不意味著如此，而博格西安知道這一點，因為他是一位哲學家。他論點中的技術錯誤被稱為條件三段論中的否定前提，但你可以很容易地看出，即使宇宙一直存在（幾乎沒有人相信這一點了，因為有大量相反的科學證據），它仍然不會排

---

2. 引起人們懷疑，而非澄清思想，是博格西安的方法和我在本書中教學的最大區別之一。
3. 僅供澄清，摩門教徒不是基督徒，儘管他們是你所遇到的最友善的人之一。他們的信仰與歷史上的基督教不同——相同的詞彙，不同的定義。這些區別對於無神論者可能無關緊要，但對你來說應該是很重要的。

除上帝的存在。宇宙是偶然的，而不是自存的，它的永恆存在仍然可能依賴於獨立存在的上帝[4]。

這位哲學家把一個巧妙的假設和一個問題連結起來，騙過了這位保全，博格西安承認：「他看起來驚恐且害怕。」但這位無神論者為此感到高興：「我試圖隱藏我的喜悅，表達我的認可，並認為我們已成功。」

博格西安利用了一個摩門教徒在哲學和科學方面的天真無知，給他灌輸了一個謬論。儘管他的推理很糟糕，但他完成了他的目標——摧毀這位摩門教徒的信心，而不去管真相如何。

同樣地，面對這樣的人，你最好的防禦是禮貌地拒絕參與這個問答遊戲。一旦你感覺到對方的問題是用來操縱你，終止對話，並在繼續之前要求對方澄清他的觀點。以下簡單呈現了博格西安與摩門教徒對話時的回應方式：

博格西安：如果宇宙一直存在，那麼它就沒有被創造。如果它沒有起源，那會意味著什麼呢？

保全：我不清楚你的意思。你認為那會意味著什麼？

博格西安：那就是沒有上帝。

保全：真的嗎？這是怎麼推斷出來的？

請注意，你在這裡的回答，迫使詢問者必須陳述他的觀點並為之辯護，而不是讓他的問題使你替他陳述觀點。

這裡有另一個例子，這次是一個由博格西安的追隨者提出的問題。

---

4. 進一步細節請參閱 Gottfried Leibniz 版本對宇宙的論證。

無神論者：如果沒有地獄，你還會是基督徒嗎？

這個問題在表面上看起來是無辜的。當然，嚴格來說，如果沒有地獄，我們就不會是「基督徒」。如果沒有地獄，基督教也就沒有存在的必要了。

但這是一個巧妙的問題，巧妙地將基督教降格為一種「獎勵與懲罰」的企業，暗示我們只是為了得到天堂的獎勵、避免地獄的懲罰而成為基督徒。沒有地獄的威脅，就沒有信仰的理由。信仰被簡化為對於快樂或痛苦的自我利益，僅此而已。

這並不是基督徒回答此問題時所考慮的。平心而論，有些基督徒可能這樣相信，但那些真實理解上帝旨意的人就不這樣認為。

顯然，只要沒有罪，就不會有地獄，這意味著不需要一位救世主，也就不需要基督教。即便如此，在墮落導致了地獄與救世主（基督教）都要解決的問題之前，我們仍然希望與上帝建立友誼，這是祂在最初就想與我們分享的。

無神論者忽略了這一點。我們被拯救不是為了某個事物（例如一個名為天堂的愉悅所在）而是為了**某個人**。我們被拯救是為了上帝從一開始就想與我們分享的親密、私人、慈愛的關係，這在地獄這個需要滿足正義的地方出現之前。

基督徒單純地回答問題，雖然這回答在某種程度上是真實的，卻被無神論者所扭曲。基督徒的原意被曲解，提問者強調其具有欺騙性的觀點，使信徒措手不及。無神論者提出假設性的問題（例如「如果沒有地獄……」），使基督徒陷入修辭陷阱中。

反過來，基督徒應該要求對方釐清問題。以下是我所想的一些例子。

無神論者：如果沒有地獄，你還會是基督徒嗎？

基督徒：我對你的問題感到困惑。你是在問，如果沒有地獄，我是否仍相信基督會赴死，救我免於下地獄？這毫無意義。還是你問的是，如果沒有要避免的地獄，我是否仍希望永遠與基督在一起？你問這個問題的重點是什麼？

或者是：

基督徒：這是我以前沒有考慮過的有趣問題，所以我不會給你一個立即的答案。我需要稍微思考一下，因為草率的回答可能會給你錯誤的印象。你覺得這樣有什麼問題嗎？

一般來說，當無神論者用問題逼迫你時，你不確定如何回答，這時就可以要求對方釐清他的問題。以下是一些更多的例子：

- 請幫我個忙：你的問題具體在問什麼？
- 這可能有很多種回答方式，要看情況。你有什麼想法？
- 當然，任何人都可能對自己的信仰產生誤解。我也可能。但我必須考慮相互矛盾的證據。你要把這些問題引導到哪個方向呢？
- 當然，如果我沒有充分理由相信我所相信的，卻有充分理由相信其他事物，我會改變主意的。你有什麼建議？
- 什麼樣的證據會使我改變主意？我無法提前告訴你。我必須考慮具體的反對意見。你在想什麼呢？
- 你問我怎麼知道我是不是在妄想。我沒有理由認為我正在妄想，你為什麼認為我是？為什麼你要將一種不準確的信

念稱為妄想？你曾經有過不準確的信念，對吧？那會不會
也讓你產生妄想？

　　當無神論者做出回應時，仔細聽取，深思熟慮，如果可能的
話，慎重回答。不必擔心你無法回答他就你的信仰所提出的所有
問題。正如我所說，街頭知識學家是很聰明的。他們準備好特定
的問題，你可能當下無法清晰回答。別擔心，不要害怕說：「我
需要一些時間思考。」

▶ 當對方問的問題根本不是問題

　　有時候，你被問到的問題實際上並不是問題，而是一種偽裝
的挑戰。思考一下這位加州大學研究生對我說的這句話：「你有
什麼權力說別人的宗教是錯的？」

　　這種話可能會讓你措手不及、目瞪口呆，你感到困惑是有原
因的，儘管這樣的陳述像是一個問題，但你很確定它不是一個問
題。相反，它是某種含糊不清的質疑，假裝成一個問題。現在你
該怎麼辦呢？

　　人們提出問題有各種原因。有時他們問問題是因為他們好奇
或困惑，他們想要你可以提供的信息。其他問題則是修辭問題，
僅僅是為了激發思考或推動對話。你不需要回應，也不期望回應。

　　「你有什麼權力？」則不同，它實際上根本不是一個問題。這
裡跟好奇心沒有關係，卻是一種偽裝成問題的陳述、一種挑戰、
在你抵達終點前阻止你再前進的拉繩。「你憑什麼說？」是另一
個例子，還有它的親戚：「誰有資格說？」

　　這些挑戰很容易讓你處於被動，因為顯然它們不是尋求資

訊，也不是無害的探問。這位學生的問題就屬於這一類。它既不是修辭問題，也不是單純事實的追求。這是一種挑戰，他是用問題來表達一個觀點，不過這是什麼觀點呢？

> 「你有什麼權力說？」這類問題是低級的攻擊，因為它們實際上並沒有傳達任何有意義的東西。它們只是讓你停下來，就像「那只是你的詮釋」這種話一樣，它們是想讓你保持沉默，而不是要求你的釐清或合理的理由。

在這種情況下，最好的應對方式就是指出這個問題令人困惑。我們可靠的可倫坡問題「你是指什麼？」在這裡非常適用。你可以說：「我有種感覺，你似乎認為我有什麼說得不對。我哪裡出錯了？」這將迫使對方將他的問題重新表述為一個想法，這正是你想要的。

在我的案例中，我告訴那位學生他的問題讓我感到困惑。他真的想談論權力嗎？他真的想知道我具有什麼資格或權威在這些事情上發言嗎？顯然不是。

無論如何，我並不主張任何權威，也沒有宣揚我的背景，無論是學術上還是其他方面。我訴諸的唯一權力是理性權力。我提供的是一個論點，它的成敗取決於它本身的優點，而非我作為觀點提出者的權威。

> 誰有資格說呢？說到底，誰的理由最充分，誰就最有資格說什麼是真實的、什麼是虛假的。這一直是合理思維的運作方式。任何不同意這個真理的人都會迅速提出他的理由來證明它是錯誤的，從而立即否定了他的論點。

　　我希望這位學生思考一下他的問題到底是什麼意思，然後以陳述的形式重新表述出來。這些問題的背後通常潛藏著強烈的觀點，一旦揭露出來，去挑戰它就很容易。這正是我追求的目標。

　　例如，「你有什麼權力說別人的宗教是錯的？」可以重新陳述為「沒有人有權力說一種宗教的觀點比另一種好」。「誰有資格說？」的意思是「沒有人能夠知道這方面的真相」或者「這個答案和另一個一樣好」。「你憑什麼說？」通常意味著「你說別人是錯的，你自己就是錯的」。這最後一個顯然是矛盾的，但如果觀點都隱藏在問號背後，你可能不會注意到。

　　它們每一個都是強烈的主張。每一個觀點都是可以被質疑，這正是我的觀點。請記住，提出觀點的人有舉證責任。

　　這種以陳述形式出現的問題，只有在其作用被認可的情況下才具有影響力。如果你經由提問來釐清問題，讓隱藏的異議觀點浮出水面，這些異議就會失去其威力，你就可以處理潛藏在陰影中的真正觀點。

西雅圖窘迫之夜

　　在西雅圖的一家餐廳，我曾經和一位女服務生展開了一場有關宗教的談話。當我對靈性表達了一般性的看法時，她點頭贊同，但當我提到某些宗教信仰在我看來有點愚蠢時，她臉上閃過一絲不悅。

　　「這是一種壓迫，」她說：「不讓人們相信他們想相信的東西。」

　　現在，對於這個挑戰可以有很多說法。請注意，她將我對某些宗教信仰的評價視為對個人自由的威脅。但我沒有理會這個問題，而是聚焦在一個更根本的缺陷上。

我問道：「那麼，你認為我錯了嗎？」我使用第一個可倫坡問題的變化版本。

對此，她猶豫了一下，不願再犯她剛剛指責我的同樣錯誤。「不是……我不是說你錯了。我只是……只是試著理解你。」她支支吾吾地說。

我笑了，說：「如果你認為我錯了，那也沒關係。真的，這不會困擾我。我只是想知道為什麼你不承認。你看，如果你不認為我錯了，那你為什麼要糾正我？如果你確實認為我錯了，那你為什麼要壓迫我呢？」

當然，我並不認為她的評論有壓迫性，但現在我正在用她的規則反制其身。被逼到牆角的她猶豫了一會兒，轉換了話題：「畢竟，所有宗教基本上都一樣。」

這是一種迴避的手段，一種慣用的反擊方式。我懷疑這招她以前奏效過，現在也用在我身上。但我注意到了一些東西，她剛才提出一個主張，她有責任說明清楚。是時候用另一個可倫坡問題了。

我問：「宗教基本上都一樣？真的嗎？在什麼方面？」

我的問題對她產生了顯著的影響。這些簡單的話語竟有如此大的影響，令我驚訝。她的臉上一片茫然，不知道該說什麼。她顯然沒有深入思考過各種宗教的細節。如果她有，她會知道它們之間存在顯著的差異。如果她不確定其真實性，為什麼要做這樣空洞的聲明呢？我懷疑她以前曾成功蒙混過基督徒，因為他們不知道應該要求她說明。

最後，在一段長時間的沉默後，她終於提出了一個共通點。「嗯，所有宗教都教導不應該殺人，不應該謀殺。」

事實上，許多宗教根本不關心道德。偉大的一神教宗教的一

個特點是對道德行為的關注，但這不是宗教的標準特徵。所有宗教基本上都不一樣。不過，我沒有對她上課，而是使用了我的問題。

我說：「你想一想：要麼耶穌是救世主彌賽亞（默西亞），要麼不是，對不對？」

她點頭。到目前為止一切順利。

「如果他不是彌賽亞，」我繼續說：「那麼基督徒是錯的，猶太人是對的；如果他是彌賽亞，那麼猶太人就是錯的，基督徒是對的。所以無論如何，有人是對的，有人是錯的。在任何情況下，這兩種宗教基本上都不可能相同，不是嗎？」

這是一種簡單直接的思路，本應得出一個沒有爭議的結論。但她忽略了我的問題，重新整理了思緒，然後說：「沒有人能夠知道宗教的真相。」

這又是另一個主張，絕不能被無視，所以我平靜地問：「你為什麼會這樣相信？」

這一反轉讓她措手不及。我懷疑她習慣了提出這個特定的問題，而不是回答它。我違反了她的規則，要求她為她的信念提供理由，她對這種角色轉換毫無準備。

我耐心地等待，不打破沉默，也不讓她擺脫困境。最後，她大膽地說：「但幾百年來，聖經被改了很多次，你根本不能相信它。」

請注意她回應的兩點。首先，她再次改變了話題。她所聲稱的聖經的敗壞跟能否知道宗教真相完全無關（即使聖經從地球上消失，從原則上來說，至少我們仍有可能瞭解一些關於上帝的知識）。其次，她迴避的形式是提出另一個主張，她有責任為這個主張辯護，而不是由我來辯護。

「你怎麼知道聖經被改了呢?」我問道:「你有研究過聖經古代文獻的傳承嗎?」

又一次,我提出的問題讓她卡住了,她最後說:「沒有,我從來沒有研究過。」相對於她剛剛自信做出的斷言,這是一個引人注目的坦白,但她似乎一點都不為此困擾。

我不忍心說出在這種情況下我可能會說的話:「那你是說,你對一件你一無所知的事情相當肯定。」我可能還會補充說:「如果你從來沒有研究過這個問題,你怎麼知道聖經像你說的那樣被改了呢?」

後來,我只是簡單地告訴她,我對這個問題進行了深入的研究,學術結果表明,手抄本的準確率接近99%,聖經並沒有被改變[5]。

她很驚訝,「真的嗎?」

到這個時候,女服務生已經沒有什麼能反駁的了。她看到自己的選項逐一消失,感到有些不自在。「我感覺你把我逼得無路可走了。」她抱怨道。

我並不是想對她不禮貌或者在智識上霸凌她。我聽了她的話,並認真對待了她的觀點。然而,即使我對她提出的每一個主張,都提出了公平的問題,她卻沒有答案。顯然,她對她所堅持的這些觀點從未進行過深入思考,這是我在與許多人交談時一再遇到的問題。她面對這些挑戰啞口無言,感到被逼入困境。

這位年輕女士和我見過的許多人一樣。她知道所有流行的口號,但當公正的可倫坡問題淘汰掉愚蠢的選項時,真相開始逼近

---

5. 有關此問題的更多資訊,請參見我的文章〈誤引耶穌:回應巴特艾爾曼〉(Misquoting Jesus? Answering Bart Ehrman),見網址:www.str.org

她。這位可愛的女士無言以對，不是因為我很聰明，而是因為，我懷疑她以前從未被迫為她的回答辯護。

當她對基督徒們說「你們的狹隘觀點是在壓迫人」或者「聖經已經被改了很多次」或者「所有宗教基本上都一樣」時，基督徒們悄無聲息地退卻，沒有人教導他們此時只需要抬起眉毛說：「哦？你是指什麼？」

批評者很少有準備捍衛他們的「信仰」。他們很少深入思考他們所相信的事情，更多依賴於以偏蓋全的口號，而不是深思熟慮。

為了揭露他們的錯誤，我們從神探可倫坡那裡汲取靈感。揉揉你的頭，摸摸你的下巴，停頓片刻，然後說：「我可以問你一個問題嗎？」就像國王和他虛構的新衣一樣，只需要一個人冷靜地說：「你沒穿衣服。」遊戲就結束了。這就是可倫坡策略的力量。

如果你只能從本書的第一部記住一件事，請記住這一點：每當你陷入困境時，總是要問問題。

┌─── // **本章學到的功課** // ──────────────┐

在這一章中，我們學到當別人對我們使用可倫坡策略時，應該如何防衛。要提醒自己，你掌握著對話的主導權。禮貌地拒絕回答對方的引導性問題，並請他簡單陳述他的觀點及理由，這樣你可以好好思考這個問題。

如果你覺得被問到的問題是一種陷阱，放慢腳步，請求對方釐清他的問題。確切地瞭解他的問題是什麼意思。如果你不知道問題的指向，不要覺得有義務回答這些問題。

我們還學會要警覺對方的問題可能不是真的問題，而是偽裝的觀點（例如：「你有什麼資格這麼說？」）。當你遇到這種情況時，指出這個問題令人困惑，然後請對方用陳述的形式重新表達問題，或者簡單地問你的第一個可倫坡問題：「你是指什麼？」

最後，我們以我和一位女服務生進行的對話作為結尾，這讓你瞭解在實際交流中，這個溝通策略的各種元素是如何和諧地協同工作的。

└──────────────────────────────────┘

看出對方
話中的問題

CHAPTER 10

—•—

自毀策略：
發現觀點中的自相矛盾

曾經有人說，如果你給一個人的繩子夠長，他就會自己上吊。我們的下一個策略正是基於這種自毀傾向，利用許多錯誤觀點的自我矛盾性，讓它們迅速失效。

這類觀點通常被稱為自我反駁，它們會自己擊敗自己。例如，餐廳的招牌上寫著「供應正宗義大利風味的傳統中式料理」，或者小報標題寫著「女人生下自己的父親」。這些自相矛盾的觀點往往一目瞭然。

以下是一個哲學系學生的例子：他的T恤正面印著「這件衣服背面的陳述是錯誤的」，而背面則寫著「這件衣服正面的陳述是真實的」。

你無須費力去反駁這種自毀性的觀點，它們會自行崩潰，幫

你省下麻煩。如果一個無神論者告訴你，他知道上帝不存在，因為上帝在他的幻覺中告訴了他[1]，你只需要指出這個矛盾點，然後安靜地觀察這個觀點自我崩潰。

▶如果是真的，那就是假的？

自毀性觀點的原理是這樣的，每個陳述都是關於某件事，比如「貓追老鼠」這句子是關於貓的。有時，陳述會把自己也包含在內，比如「所有中文句子都是假的」這個陳述是關於所有中文句子，也包括它自己。

在這種情況下，你可以立即看出問題。這個陳述內含自我毀滅的元素，如果所有中文句子都是假的，那如此宣稱的中文句子也一定是假的；如果它是假的，就會被輕易、合理地拋棄掉。因為它無法滿足自己的標準，所以自食其果。

當一個陳述不符合自身的有效標準時，它就是自相矛盾的。即使它們乍看之下是真的（而且許多都是真的），它們仍會證明自己是假的。這些話一旦說出口，這個主張就失效了。以下是我多年來遇到的一些明顯例子：

- 「沒有絕對的事物。」（這句話是絕對的嗎？）
- 「沒有人能知道宗教的任何真理。」（那你是怎麼知道宗教的真理的？）
- 「你不能確定任何事。」（你對這一點很確定嗎？）
- 「談論上帝毫無意義。」（這個關於上帝的陳述是什麼意

1. 這句話是從我的哲學家朋友大衛‧霍納（David Horner）那裡聽來的。

思？）

- 「你只能通過經驗才能知道真理。」（是什麼經驗教你理性的知識真理？）
- 「在這個問題上永遠不要聽取任何人的建議。」（那我應該聽取你的建議嗎？）
- 「我是這裡唯一不是獨一無二的人。」（嗯，你要不要再想想……）

自毀策略之所以奏效，是因為它基於一條你可能很熟悉的邏輯法則（或許你不知道它的正式名稱），那就是「無矛盾律」（Law of noncontradiction）。這個法則反映了一個常識，就是彼此矛盾的陳述不可能同時都是真的[2]。

所有自毀性的觀點都表達或涉及了矛盾。它們提出兩種相互矛盾的主張：A是事實，同時A不是事實。明顯的矛盾通常很有趣，因為我們很容易看出其中的荒謬。例如：

- 「我以前曾經相信轉世，但那是在我的前世。」（我不相信轉世／我相信轉世）
- 「再也沒有人去那裡了，那裡太擁擠了。」（那裡不擁擠／那裡很擁擠）
- 「我希望我能回答那個問題，因為我已經厭倦了一再回答它。」（我不知道那個問題的答案／我知道那個問題的答案）
- 「我真的沒說過我說的每一句話。」（我沒說過／我說過）

---

2. 更確切地說，在同一時間、以相同方式，A 不能同時是「非 A」。用亞里斯多德的話來說：「對於某物，不能同時說它是，同時說它不是。」

- 「本頁刻意留白。」（這頁是空白的／這頁不是空白的）
- 「你像往常一樣表現得特別好。」（你的表現特別好／你的表現不特別好）
- 「這些恐怖分子擁有我們不知道的技術。」（我們知道我們不知道的事情）

當一個想法或反對意見違反了「無矛盾律」時，我稱為**形式上的自毀**。

要確定一個觀點是否具有自毀傾向，首先注意其基本的思想、前提、信念或主張，並試著識別它們。接下來，問問這個主張是否適用於自身，如果是，是否存在衝突？觀點的陳述是否無法達到自己的標準？它是否符合「A是事實」和「A不是事實」的陳述形式？如果是，它就是自我毀滅的。

這個過程一開始聽起來可能有點繁瑣，但實際操作中，只要你留心注意，這個過程幾乎是瞬間完成的。另一種辨別的方法是，如果支持別人觀點（或反對自己觀點）的理由與支持自己觀點的理由完全相同，那麼這個觀點就是自毀、自相矛盾的。

最後一步很簡單，只需要指出矛盾之處，最好使用提問。當有人說：「根本沒有真理。」你就問：「沒有真理這句話是真的嗎？」

> 你可能已經想到，可倫坡策略和自毀策略很好地相互配合。如果你注意到某人的觀點正在自毀，最好用提問而不是聲明的方式指出來。

挑戰一個觀點時，持續揭示其矛盾性通常是致命的。反對上

帝存在的論據之所以受歡迎，是因為它們建立在被認為矛盾的基礎上。如果成功，這種論據具有無可抵擋的力量³。當一個觀點自我毀滅時，它是無法復活的，因為沒有修復的方法，即使是上帝也無法為一個矛盾概念賦予生命⁴。哲學家稱這樣的觀點為「必然為假」（necessarily false），因為它們在任何可能的情況下都無法成立，辯護也是徒勞無功的。

你可能想知道為什麼有人會相信自相矛盾的想法。很少有人會故意支持矛盾的觀點（儘管有些矛盾如此明顯，讓人難以忽視），但當矛盾隱藏在一個更大的思想中時，它們就不容易被察覺，這就是為什麼人們會被它們欺騙。

我們知道「我的兄弟是獨生子」這種陳述是錯誤的，因為兄弟的概念意味著有兄弟姐妹。當美國職棒選手尤吉・貝拉（Yogi Berra）建議「別人的葬禮都要參加，不然他們就不會參加你的葬禮了」時，我們會笑，因為一個人死後無法參加你的葬禮。

雖然這兩個矛盾容易察覺，但它們與隱含矛盾的例子不同。在這些例子中，矛盾隱藏在表面之下。隱含的矛盾有時很難識別，因為它們被巧妙地掩蓋起來。

接下來，我將帶你瞭解一些普遍、但隱含自毀性的觀點，以便你看到自毀策略的使用方式。在每種情況下，問題並不是立即顯而易見的，但每一個觀點都因矛盾而失敗。它們還沒啟航就已經沉沒了。

---

3. 正如許多人指出的那樣，這個論點無效。上帝的良善、力量和邪惡的存在之間並不存在矛盾。
4. 但這並不是對神的有效限制。上帝的全能保證了祂能做任何能夠做到的事情。然而，無論多大的力量也無法製造出一個正方形的圓形。如果上帝的理性本質因矛盾而受到損害，那才會是個問題。

➡ 真理是真的嗎？

　　我已經指出，後現代主張「真理不存在[5]」引發一個顯而易見的問題：「聲稱真理存在的說法本身是真的還是假的？」如果是假的，那就是假的。如果聲稱是真的，那麼又是假的。

　　這個事實在我和著名學者馬文・麥爾（Marvin Meyer）的辯論中變得非常明顯。我捍衛著「客觀真理是存在、可知的」立場，而麥爾博士則持相反立場。

　　我希望你注意到這類正式辯論的一些特點。在辯論中，麥爾博士必須反對一個觀點並支持另一個觀點。他反對的觀點（我的觀點）是假的，而他支持的觀點（他的觀點）是真的。

　　這正是我們辯論中的情況。這位教授以優雅和高超的技巧指出了我觀點的缺陷。結果是，亞里斯多德錯了，德希達（Jacques Derrida）對了。柯克爾先生錯了，而麥爾教授對了。

　　你看到問題了嗎？麥爾博士利用了一系列事實、真理和知識來說服觀眾，但事實、真理和知識都是精心構造的虛構。

　　在辯論過程中，我向觀眾指出了這種矛盾。我提到，由於辯論本身的性質，麥爾博士不得不在辯論中使用他所否認的東西，這就注定了他的努力會失敗。僅僅透過參加辯論，麥爾博士就默認了我所捍衛的立場，使辯論在開始之前就已經偏向我。我進一步向觀眾指出，每一張投給麥爾博士的票都意味著選民被說服，認為麥爾博士的觀點是（客觀地）真實的，而我的觀點是（客觀地）虛假的。因此，投給我對手的每一張票實際上都是投給我的。

---

5. 根據後現代思維，真理在我們大多數人使用這個詞的意義上是不存在的。關於世界真實狀態的主張，我們皆無法知道其準確性。相反，有很多社會構建的現實描述，每一種對於相信它的人來說都是「真實」的。

　　觀眾笑了，但他們明白了這一點。這不是因為我很聰明，而是因為麥爾博士所捍衛的觀點顯然是虛假的，一旦問題仔細釐清，這一事實就不容忽視。

　　即使以宗教語言表達，「基督教」版本的後現代主義也不會更好。以下是我從一位基督教大學教授的學生那裡聽到的一個例子。

　　「在這個房間裡，有人是上帝嗎？」教授慢慢地掃視著觀眾，尋找是否有人舉手。沒有人舉手。

　　「上帝知道『真理』，」她繼續在黑板上用大寫字母寫下這個詞。「所有的真理都是上帝的真理。上帝**就是**真理。但你不是上帝，因此，你只能知道『真理』。」然後，她用小寫字母把這個次要的現實寫在了凡夫俗子永遠無法企及的高級版本旁邊。

　　她停頓了一下，讓她的觀點深入人心，然後結束。「祝你們有個愉快的一天。」她說，然後下課。

　　這是一場精彩的修辭魔術。學生們忙著記筆記，擔心這是否會出現在考試中，沒有仔細思考他們被奪去了什麼，或者這預示著他們的信仰可能會毀於一旦。

　　這位教授的主張充滿了混亂。真理是什麼意思？全知？這不可能是她的意思。上帝知道一切，而我們不知道，這只是一個微不足道的觀察，即使對大學新生來說，也算不上什麼啟示。

　　她的意思是我們不能像上帝那樣瞭解事物、不能像上帝那樣看待世界嗎？同樣地，這道理也不是特別深奧。

　　不，這位教授的目的是要削弱「人類可以瞭解絕對真理」的信念。相反，她的意思是說，我們這些凡人生活在一種知識的黃昏中，現實的輪廓模糊不清，讓我們完全沒有信心去相信我們認為自己知道的那些事物都是真實的。

　　這位教授似乎對她觀點中的自毀傾向視而不見。以下的回應很明顯地說明了這一點（注意問題）。

　　教授，我對您的評論感到困惑。您提出的這個見解是真的還是假的？我不認為您有意教給我們虛假的東西，所以您必定認為它是真的。這就是讓我困惑的地方。那會是什麼樣的真理呢？它不能是「真理」，因為您不是上帝。所以它必須是「真理」。但如果這只是您對現實的個人感覺，為什麼我們要認真對待您的感覺呢？我們有我們自己的看法。根據您的說法，我們都沒有真理，那麼在涉及真理本身的性質時，誰又能說誰是對的、誰是錯的？您能為我解釋一下嗎？

　　保羅警告我們不要被「虛妄的哲學迷住了；因為那種學說是人所傳授的，是根據宇宙間所謂星宿之靈，而不是根據基督」（歌羅西書 2:8）。然而，被迷住的人比比皆是，甚至在上帝本意要避開這些錯誤的地方，也是如此。

▶ 上帝能否創造一個祂抬不起的巨石？

　　這種挑戰被稱為假提問（pseudo-question）。這就像是問：「上帝能不能在與自己的腕力比賽中取勝？」或「如果上帝與自己打架，誰會贏？」或「上帝的力量能否戰勝祂自己的力量？」

　　這類問題是無稽之談，因為它把上帝當作兩個而不是唯一。「比⋯⋯強」這種比較性詞語只能在有兩個主語的情況下使用，就像我們說比爾比鮑伯強，或者我的左手比右手強。由於上帝只有一位，問祂是否比自己更強根本沒有意義。這個問題無法證明

上帝的任何缺陷，因為這問題「上帝的全能是不是能戰勝祂的全能？」本身是不合邏輯的。

▶ 上帝不偏袒任何一方？

這種訓斥每次選舉期間都會出現。我曾經在《洛杉磯時報》（*Los Angeles Times*）上看到一頁全版廣告，正是就這一點對政治派別的一方進行說教。然而，這種主張是自毀性的，正如以下對話所示。

「你認為上帝站在你這邊，但你錯了。上帝不偏袒任何一方。」
「讓我問你一個問題。在我們對上帝是否偏袒某一方的分歧中，你認為上帝的意見是什麼？」
「我剛告訴你。上帝反對偏袒任何一方。」
「對。所以在我們的爭論中，上帝會同意你，而不是我。」
「沒錯。」
「那麼在這個問題上，祂站在你這邊。我猜上帝確實會偏袒其中一方。」

注意矛盾之處：上帝不偏袒任何一方／上帝確實偏袒其中一方。這種主張是自毀性的。毫不意外地，這則廣告繼續宣傳其政治觀點，將其視為道德制高點，並加劇了這個錯誤。

▶ 人都會犯錯，所以聖經也一樣？

對聖經的一種常見攻擊是這樣的：聖經是人寫的，人是不完

美的，因此聖經是有缺陷的，不是由上帝啟示所創作出來的。

請記住我們發現自毀性言論的規則：如果支持他人觀點（或反對自己觀點）的理由與支持自己觀點的理由完全相同，那麼這個觀點就是自毀性的。認為人都會犯錯，所以人一定犯了錯，這種假設也適用於針對聖經啟示的這個論點。參考這個意見交流：

「你認為聖經一定有缺陷，因為人會犯錯。」

「是的，這是我的看法。」

「我很好奇，你為什麼認為你是這個規則的例外？」

「你是什麼意思？」

「你似乎不認為在對聖經的判斷中你犯了錯，但你也是一個有缺陷的人。」

「我當然是，但我不是說人總是在犯錯。」

「如果人不總是在犯錯，那你不能因為聖經是人寫的就排除聖經，對吧？」

> 僅僅指出聖經是由人寫的並不足以將其否定，這本身並不能證明什麼。如果人會犯錯，並不意味著他們總是在犯錯。從字面意義上看，這種反對是自相矛盾的。

魯益師引用了一個相關的例子。對於佛洛伊德和馬克思主義的主張，也就是所有思想在其源頭上都受到汙染（無論是心理上還是意識形態上），他寫道：「如果他們說所有思想都是這樣被汙染的，那我們當然要提醒他們，佛洛伊德主義、馬克思主義和基督宗教神學一樣，都是思想體系……佛洛伊德主義者和馬克思主義者與我們所有其他人一樣，無法從外部批評我們。他們已經把

自己坐著的樹枝砍斷了。另一方面，如果說他們的思想不一定會因汙染而失效，那我們的思想也不一定會因汙染而失效。在這種情況下，他們既挽救了自己的樹枝，也挽救了我們的樹枝。」[6]

諸如「每個人的觀點都是他自己偏見的產物」或「你所謂的事實不過是由你的文化偏見所決定的信仰」之類的說法，都是出於同樣的原因而失敗。這些觀點本身僅僅是個人偏見或文化偏見的產物嗎？如果是，為什麼還要認真地對待它們？

▶ 我思，故我不在？

印度教作為一種宗教觀點，似乎也受到了矛盾觀念的影響。泛神論是某些東方宗教的核心，它教導我們，我們所知的現實是一種幻象——瑪雅（Maya，梵文中幻覺之意），而我們每個人都是其中的一部分。

印度教認為世界是幻象，這與「我知道自己是幻象中的一個角色」的觀點互相矛盾。隱含的意思是，它聲稱我不是一個真實的自我，同時我又是一個真實的自我。因此，印度教的這一核心教義陷入了自毀。

> 如果我是一種幻覺，我自己怎能知道呢？我怎能真正地知道我不存在？（我思，故我不在？）在夢中的人知道他們自己是虛構的嗎？查理布朗知道他自己是史奴比這個卡通裡的人物嗎？

---

6. C. S. Lewis, *God in the Dock* (Grand Rapids: Eerdmans, 1970), 272.

　　為了迴避這個問題，有人嘗試了一條逃避之路，就是聲稱
「無矛盾律」是西方的概念，不適用於印度教等東方思想。他們認
為東方思想家能夠接受矛盾。

　　然而，問題並非人們是否能接受矛盾，而是與現實的結構有
關。人們可能對各種不尋常的事物感到舒適，這對心理學來說可
能具有啟發意義，但這並不改變現實。

　　電腦運行在二進位的零和一系統中。由於無矛盾律的存在，
我們能夠保持這兩者的區別。無論電腦位於東半球還是西半球，
無論鍵盤前的人是基督徒、印度教徒、道教徒、原始宗教信仰者
還是無神論者，電腦都能正常運作。這是因為現實仍然遵循無矛
盾律的結構，即使來自其他文化的人在心理上對此感到困惑。

▶ 有神的進化論：世界是隨機設計的嗎？

　　有些人提出上帝使用進化來設計這個世界。我認為他們的動
機主要有兩個。第一是希望確認聖經的真實性，第二是對達爾文
的標準模型有所認同。因此，他們宣稱兩者皆為真實。

　　然而，這兩種觀念在我看來是不相容的。上帝使用進化可能
聽起來合理，但如果你仔細觀察，就會發現問題。

　　假設我想要在撲克牌局中獲得一副同花順，我可以從撲克牌
堆中逐張抽出卡片並排列成同花順，或者我可以隨機洗牌，看看
是否抽到了同花順。不過，通過洗牌和發牌來「設計」這副牌是
毫無關聯的，無法保證結果（如果我非常聰明，也許可以讓它看
起來像是在洗牌，實際上是在布局，但這是一種詭詐的行為，也
就是作弊）。

　　同樣的道理也適用於生物世界：要麼上帝設計了生物世界的

細節，要麼大自然隨機洗牌，然後由大自然選擇贏家。這個機制
要麼是有意識和有目的的（設計），要麼是無意識和隨機的（突
變和大自然選擇）。創造是有目的、有目標的，而進化則是偶然
的，就像一位發牌者發出一副同花順一樣。

認為某個事物是由隨機設計出來的想法是一種矛盾，就像試
圖把方形的釘子塞進圓孔一樣，根本無法相符。[7]

▶ 只有科學能提供可靠的真理嗎？

這個現代口號乍看之下似乎合理。許多人認為知識始於科
學，並認為科學未證實的事物僅能是意見和未經證實的信念。這
種觀點被稱為科學主義。然而，持有這種觀點的人會驚訝地發
現，它實際上是自相矛盾的。請思考以下對話：

> 「我不相信宗教。」
> 「為什麼？」
> 「沒有科學證據來支持它。」
> 「那麼你也不應該相信科學。」
> 「為什麼？」
> 「因為沒有科學證據支持它。」

這裡我可能走得快了點，所以讓我稍微解釋一下。我首先注
意到這個口號「只有科學能提供可靠的真理」是一個關於真理的

---

7. 有關此問題的更深入討論，請參見：www.str.org 的「進化論與有神論：走
   向達爾文」（Theistic Evolution: Drifting toward Darwin）。

陳述，同時自稱這是真實的，這就像說「所有中文句子都是虛假的」一樣，這句話也把它自己包含在內。接下來，我應用了我們對自毀性提問的基本測試，問：「這個說法能否滿足它自己的要求？」

我很快意識到它滿足不了。由於沒有科學證據證明科學是唯一認識真理的途徑，這種觀點是自毀性的。然後，我使用可倫坡策略指出了這個缺陷[8]。

下次有人用「只有科學能提供可靠的真理」這種不準確的說辭來打發你時，問他是希望你將他的這句陳述視為事實，還是視為未經證實的個人意見。如果是事實，問他是什麼可測試的科學證據使他得出這個結論。事實上，這個陳述並不是科學的事實。它是有關科學的哲學觀點，而它本身無法由任何科學方法證明，因此在這種觀點下是不可靠的。

▶ 宗教上的自毀

宗教多元主義的觀念，即所有宗教都是平等真實或有根據的，也存在自我矛盾之處。有兩種方式可以證明這一點。首先，如果所有宗教都是真實的，那麼基督宗教也應該是真實的。然而，古典基督教的核心觀點之一，是整體看待其他宗教時，它們都是虛假的。顯然，耶穌並不支持多元主義觀點[9]。因此，要麼基督宗教是正確的（即耶穌是上帝派來拯救世界的彌賽亞）而其他宗教是錯誤的，如聖經所教導的那樣；要麼基督教是錯誤的，而某些其他觀點才是正確的。然而，在任何情況下，所有宗教都無

8. 經驗主義，即知識受限於能夠被感知的事物的主張，以相同的方式自毀。經驗主義本身的真理無法經由感官感知。
9. 請注意，參見〈馬太福音〉7 章 13-14 節、〈約翰福音〉14 章 6 節。

法同時是真實且有效的。

其次，你仔細想想，各種宗教對現實的描述各不相同。某些形式的印度教認為神是不存在的；伊斯蘭教、猶太教和基督宗教教導神是有位格的存在；在佛教中，神的問題則是無關緊要。因此，在有關神的中心教義上，這些宗教是互相矛盾的。

在古典的神學觀念中，死亡被視為終點，接著是永恆的獎賞或永恆的懲罰。而在東方宗教中，死亡則是靈魂通過多次輪迴來修行業力的過程。有些宗教教導則說，悖逆者會被毀滅，而正直的人則會繼續存活。

你能看到問題嗎？當有人死亡時，他們可能進入天堂或地獄，可能進入輪迴或者只是化為塵土，而他們是不可能同時做到這一切的。

有些宗教在其世界觀的核心細節上顯然是錯誤的。原則上，每個宗教可能在每個點上都是錯誤的，但它們不能全都是對的。請注意，這不是偏見，而是簡單的數學。因此，從表面意義上看，宗教多元主義就是等於自毀。

▶ 你是你所吃的東西嗎？

我曾在一家餐廳看到一個標語，上面寫著「你是你所吃的東西」。我向服務生指出，如果我們是我們所吃的東西，那麼在吃東西之前，我們就不能成為那個東西；但除非我們是什麼，否則我們就不能吃什麼。因此，「我們是我們所吃的東西」這句話並不正確。

服務生對自毀性論點的精妙之處一無所知，只是看著我，然後說：「你得去和經理說。」

┌───┐

// **本章學到的功課** //

　　首先，我們學到了在應對論點或挑戰時，我們並不總是需要做所有的工作。有時一個觀點會自己打敗自己。我們用來揭露這種傾向的策略叫做「自毀策略」。

　　自毀性的觀點內含了自我毀滅的種子，因為它們表達了矛盾的概念。它們推翻了自己。這就是它們被稱為自我毀滅的原因。

　　違反「無矛盾律」的觀點必然是錯誤的。這意味著沒有方法能修復它們。在這個世界或任何世界中，它們都無法修復。如果一個觀點包含矛盾，例如「所有中文句子都是虛假的」，那它就沒有復活的希望。因此，矛盾的存在是任何論證或觀點的決定性敗筆。

　　我們還學到了如何識別和應對自毀性的陳述。首先，注意基本的前提、信念或主張。然後，要問該主張是否適用於自身。如果是，它是否滿足自己的標準，還是存在內部矛盾？如果支持他人觀點（或反對自己觀點）的理由與支持自己觀點的理由完全相同，那麼這個觀點就是自我矛盾的。一旦你發現了問題，請使用提問（可倫坡問題）而不是陳述來指出。

　　最後，我們學會了違反「無矛盾律」的觀點或反對意見的普遍例子，以及如何以直接的方式回應。請記住，許多形式上的矛盾並不是一目瞭然的，而是隱含在更大的思想中。這使得它們很容易被忽略。即使是聰明和受過教育的人，有時也會持有互相矛盾的觀點而不自知。

└───┘

CHAPTER 11

—•—

最常見的自毀性言論

▶ 邏輯上與實際上的矛盾

在前一章中，我們瞭解到，有時對抗一個相反的觀點幾乎不需要費任何工夫。有時，應對他人異議最簡單的方式並不是提供更多訊息，而是向他顯示他的立場是自相矛盾的。

我們已經探討了自毀策略的概念，即某個觀點或反對意見直接違反了「無矛盾律」，不過，一些無內在矛盾的觀點在其他方面也可能是自毀性的。我使用這三個術語：實際上的矛盾、兄弟吵架型的矛盾、殺害孩子型的矛盾，來分別描述論點的三種自毀方式。我將在這一章中討論實際上的矛盾，並在第十二章討論另外兩種。

　　有些觀點經不起實際應用的檢驗，根本無法在現實生活中運行。例如，當一個人說「我從不把任何話說出口」，這並不構成邏輯上的矛盾，而是一種實際上的矛盾——他無法在不自相矛盾的情況下表達這個信念。這種自相矛盾的情形適用於那些人們可能相信、但無法宣揚的觀點，因為宣揚這種觀點會讓自己陷入困境，等於是自打嘴巴。

　　例如，以下這個觀點中就存在矛盾：「說別人錯了是不對的。」堅持這種觀點本身並不矛盾，但當你說出這句話時，你就在做著你聲稱不應該做的事情。這種不一致性是自我矛盾的，因為發表這一觀點的人違背了自己的信念。

　　我的小女兒有一年採取了一種「不」的哲學，像大多數兩歲的孩子一樣，這是她對一切的回答。有時，我會聽到她獨自在房間裡玩耍，心不在焉地用不同的力度和語調連續地說「不」，就像一位鋼琴大師在為她的下一場演出做準備。

　　不過，她很容易掉入陷阱。在一連串的否定之後，我只需問：「你還會再次回答不嗎？」不管她回答什麼，她都會陷入困境。

　　這種「不」的哲學本身並沒有內在的矛盾，但我女兒只要試圖貫徹她的這個信念，她就遇到了麻煩。即使是那些足夠成熟、更懂事的人，也經常會陷入這種自打嘴巴的情況。

　　在一次廣播節目中，我對一些電視傳道人的神學提出異議。我立即受到一位來電聽眾的挑戰，他說：「你不應該在廣播中公開糾正基督教導師。」我問他：「那你為什麼要打電話在我的廣播節目中公開糾正我呢？」

　　有些基督徒深信辯論是違背聖經的，堅決主張辯論是對上帝不敬，也對說服他人毫無用處。他們拒絕為基督信仰辯護，因為他們認為理性不是信徒該用的適當工具，費盡心思地列舉他們認為自己正確的原因（「我會給你三個很理性的理由，說明為什麼你不應該使用理性」）。

　　這就是人們在做出一概而論的主張時所面臨的問題，說到「評判他人是不對的」，在某些情況下對他人做道德評判或許**是不對的**，但不加區分地使用這個原則來譴責做出道德判斷的人，本身就違反了這個原則。

　　一位聽眾打來我的廣播節目指責我譴責同性戀，他很快發現自己陷入了自己設下的陷阱。以下的對話可以稱為「譴責的譴責」：

聽眾：我不是同性戀，但我認為譴責任何人都是不對的。

我：那你為什麼在譴責我呢？

聽眾：什麼？

我：我說，如果你認為譴責別人是錯的，那你為什麼譴責我呢？

聽眾：我是在回應很多基督徒譴責別人的事實。

我：我明白了。聽起來你正在譴責我，因為我剛剛譴責同性戀是錯的。

聽眾：是的，沒錯。你應該愛每個人。

我：等一下，你沒在聽你自己的話。你剛剛說譴責別人是錯的，現在你承認你正在譴責我。所以我問，為什麼我做了你說是錯的事，你卻做了同樣的事？

聽眾：不，我沒有。（停頓一下）好吧，讓我這樣說。我不

是在譴責你，我在責備你。這樣有好一點嗎？

我：那麼，我對同性戀的評論也只是簡單的責備而已。

我希望你注意到這段交流的兩個方面。首先，聽眾花了一些時間才意識到他的錯誤。這是常見的。令人驚訝的是，有些人永遠看不到這一點。當聽眾終於醒悟過來時，他試圖糾正自己的錯誤，但對解決問題沒有幫助。

其次，由於我立即看到了矛盾，所以我不難提出問題來深入議題，直到聽眾明白過來。我使用了可倫坡的第三種用法——用提問來表達觀點。在這種情況下，我指出他的觀點在實踐中是矛盾的。

> 哲學家普蘭丁格（Alvin Plantinga）把這個自毀傾向稱為「哲學上的無解困境[1]」，他認為，如果你想把這個觀點用在別人身上，那你自己也可能會被它牢牢套住。

道德相對主義的自毀

道德相對主義者，即那些否認普遍客觀道德存在的人，尤其容易陷入自毀的矛盾境地。每當一個相對主義者說：「你不應該把你的道德觀強加給其他人。」我總是會問：「為什麼不應該呢？」

在這種情況下，他能怎麼回答？他當然不能說：「因為那是錯的。」這樣的回答本身就是自相矛盾，就像在說：「道德規則

---

1. Alvin Plantinga, "Pluralism," in *The Philosophical Challenge of Religious Diversity*, ed. Philip Quinn and Kevin Meeker (New York: Oxford Univ. Press, 2000), 177.

並不存在，但這裡有一條道德規則。」這樣的回應正是實際上的自毀。

如果一個相對主義者確實說強加道德是錯的，我會問：「如果你認為這是錯的，那你為什麼這樣做？為什麼你現在正試圖把你的道德觀強加給我？」

對於相對主義者來說，唯一不矛盾的回應是：「對我來說，強加道德觀是錯的，但那只是我的個人觀點，與你無關。請忽略我。」

魯益師曾觀察到：「每當你遇到一個說他不相信有真正的是與非的人，你會發現同一個人在一會兒後又會否認這一點。他可能會對你食言，但如果你試圖對他做一樣的事，他就抱怨『這不公平』。一個國家可能說條約並不重要，但接下來他們說，因為某條約不公平，所以要違反它。就這樣破壞了自己的立場。但如果不存在是非之分，那麼一個公平條約和一個不公平條約有什麼區別呢？」[2]

正如我在別處寫過的：「一個人在討論道德相對主義時可能會雄辯滔滔，但一旦有人在他排隊時插隊，他就會抱怨。他會反對工作中對他不公平的待遇，譴責法律制度中的不公正。他會批評背叛公眾信任的險惡政客，譴責那些強加自己道德觀點的激進基本教派主義者。」[3]

保羅在〈羅馬書〉2章1節中的觀點是這樣的：「你這評斷人的人哪，無論你是誰，都無可推諉。你在什麼事上評斷人，就在什麼事上定自己的罪。因你這評斷人的，自己所做的卻和別人一

2. C. S. Lewis, *Mere Christianity* (New York: Macmillan, 1952), 5.

3. Gregory Koukl and Francis Beckwith, *Relativism—Feet Firmly Planted in Mid-Air* (Grand Rapids: Baker, 1998), 143.

樣。」保羅指出，那些以自己道德觀為基礎評斷別人的人，最終會受到他們自己道德準則的責難。

　　這就是實際上的自毀。當你看到這種情況時，可以用一個問題來指出它。如果有人說：「人們永遠不應該將他們的價值觀強加給別人。」你可以問他這是不是他的價值觀（答案是肯定的），接下來，問他為什麼要將這些價值觀強加給別人。

> 通常，一個人不能拒絕道德真理而不立即肯定它。一旦他們説「把你的道德觀強加給我是不對的」，他們就已經讓自己的立場陷入矛盾。

▶ 蘇聯風格的「政教分離」

　　在鐵幕落下十年前的1976年，我和其他三人一起參與了在東歐和前蘇聯的秘密行動，歷時五週。在那裡，我遇到了一個令人難忘的實際上自毀的例子。

　　當我們從羅馬尼亞進入摩爾達維亞時，在蘇聯邊境被攔住搜查。邊境警衛一發現聖經，就把我們的車拉到一旁，仔細檢查宗教違禁品。然後，質問開始：從哪裡得到聖經的？為什麼要把聖經帶過邊境？是為誰準備的？不知道這樣的行為是非法的嗎？……質問持續了好幾個小時。

　　我們知道前蘇聯宣稱他們擁有宗教自由，他們還聲稱為本國人民印製聖經。我們也知道這兩種說法都是虛假的，這使我們在談話中佔據了優勢。

　　「在蘇聯不是有宗教自由嗎？」我們問，模仿著宣傳口號。

　　「是的，我們當然有宗教自由，」翻譯回答時帶著一些憤怒，

「但我們是政教分離的。」

當下，我們不清楚攜帶聖經穿越邊境如何觸犯這一原則，但這是口譯員對我們提出每個異議的制式回答。

「在蘇聯，禁止攜帶聖經和其他宗教資料。」她繼續說道：「在學校裡，我們教育孩子們說沒有上帝，只有老人才相信這個。我們的人民接受馬克思列寧主義的教育，我們不允許任何其他宣傳。我們是政教分離的。」

「但你們在蘇聯印製聖經，對吧？」我問。

「是的，沒錯。」她回答道：「我們的信徒能得到他們需要的所有聖經。」

「而且你們有宗教自由？」

「是的，我們有宗教自由，但我們是政教分離的。」

「但我們不能帶聖經過邊境？」

「不行，我們不允許在我們國家有這種宣傳。」

「聖經是宣傳？」

「是的。」

「但你們在自己的國家印製聖經。」

「是的。」

「現在我不懂了，」我評論道：「你說你們有宗教自由，但我們不能將聖經帶入你的國家，因為它們是宣傳。然後你告訴我你們在蘇聯印製聖經。」

她對每一點都點頭表示同意，我對她無法看到即將發生的事感到驚訝。「那麼顯然你們的政府正在自己的國家印製反共宣傳。」

「不是，你不明白，」她回答說：「我們是政教分離的。」

▶ 不准傳福音

　　幾年前，南方浸信會公開宣布，其年度夏季佈道活動將會針對居住在芝加哥的猶太人，並鼓勵浸信會成員「每天為你認識的猶太人祈禱，希望他們能透過彌賽亞找到屬靈的完整性」。

　　公眾的反應迅速且強烈。猶太人反誹謗聯盟主席表示，這項活動「傳達了一種充滿神學仇恨的狹隘訊息[4]」。芝加哥的一個宗教團體聯盟（包括基督教教派在內）發表聲明譴責浸信會，警告這樣的活動會鼓勵仇恨犯罪。

　　這些不滿在一個全國性的電視脫口秀節目中得到了表達。節目中，兩位激動不安的拉比（rabbi，猶太人的精神導師），一位來自紐約，一位來自芝加哥，與兩位相對冷靜的浸信會成員對話。他們的主要訴求是：傳教對象應該是那些沒有屬靈信仰的人，而猶太人已經有自己的宗教，暗示他們需要一個新的宗教是極其傲慢的。因此，基督徒應該去其他地方傳福音。基本上，拉比們的說法是：「保留你的屬靈意見給自己，別試圖改變別人的宗教觀點。」

　　你看到問題了嗎？拉比們憤怒的原因是基督徒試圖改變猶太人的宗教信仰。然而，他們的解方卻是要求基督徒放棄有關傳教的宗教信念，接受拉比的觀點——只向那些沒有宗教信仰的人傳教。

　　在當時的情緒高峰中，基督徒可能沒有想到簡單地問：「如果這是你的信念，那我不明白為什麼你現在試圖改變我們的宗教

---

4. Jeffery L. Sheler, "Unwelcome Prayers," *U.S. News and World Report* (September 20, 1999). 編注：猶太人並不否認彌賽亞的概念，但他們對彌賽亞的理解和基督徒的理解不同，他們不認為耶穌就是彌賽亞。

信念。當我們遵守耶穌的指令傳揚福音時，為什麼你要干涉？為什麼你不把你的宗教觀點保留給自己？」

奇怪的是，浸信會僅僅因為計劃與他人進行自願、富有思考的宗教對話而被貼上狹隘的標籤。但在全國電視上狠狠譴責他們的拉比，卻被視為寬容和開明。

「試圖改變別人的宗教信仰是不對的」這一主張通常是自我矛盾的例子。這個想法本身並不矛盾，但一旦有人試圖宣揚這一信念，就冒著自相矛盾的風險。

─ // **本章學到的功課** // ─

　　在這一章中，我們學到一個論點可能以多種方式自毀。有些觀點雖然在內部不矛盾，不是邏輯上的自毀，但在實際應用中卻會陷入自滅。這些觀點或許能被接受，卻無法在現實中實踐或宣揚。提出這些觀點的人往往無法避免違背自己的信念，例如「認為評判他人是錯誤的」。

　　我將這種傾向稱為實際上的自毀。道德相對主義者尤其容易陷入這樣的情況，同樣受其影響的還包括那些認為「試圖改變他人宗教觀點是不對的」的人。

CHAPTER 12

——•——

導致論點自打嘴巴 的其他原因

　　論點或觀點有多種可能導致自毀的原因，我們已經討論了其中兩種：形式上的自毀和實際上的自毀。現在我想舉更多例子來說明，這些自毀不一定源於內部矛盾，但它們卻以獨特的方式自我毀滅。

　　有時候，當一個人同時提出兩個相互矛盾的對立觀點時，就會產生衝突，這種像是兄弟吵架的內部矛盾很容易觀察到。另一種情況是，某人的觀點建立在後來證明該觀點無效的假設上，我稱之為「殺害孩子型的矛盾」。你可以想像它是科幻電影中的瘋狂生物，吞噬自己的後代。這種自毀方式雖然更難察覺，卻是一個強有力的破壞性因素。

　　無論哪種情況，只要你仔細觀察，就會發現最艱難的工作已

經有人替你完成。

▶ 兄弟吵架型的矛盾

在對話中，有時你會注意到一些奇怪的現象。你會聽到同一個人提出兩個在邏輯上相互矛盾的反對意見，就像兄弟姊妹之間吵架一樣。

因為這兩個反對意見不能同時成立，你的工作就簡單了一半。一個公正的人在你指出這個問題後，通常會至少放棄其中一個意見。你可以優雅地指出這種衝突，然後詢問哪一個問題是他們真正關心的。有時候，這樣的做法能有效地讓雙方的反對意見都安靜下來，因為對話中的人意識到自己的立場不夠合理。

甘地在天堂嗎？

當我在印度時，知名的護教家普拉卡什‧耶斯迪安（Prakash Yesudian）與我分享了他與一位深刻敬仰甘地的印度教徒的對話。請注意普拉卡什是如何將可倫坡策略和兄弟吵架型矛盾的策略結合在一起的。

「甘地在天堂嗎？」這位印度教徒問道。「如果甘地不在那裡，天堂將是一個非常匱乏的地方。」

「那麼，先生，」普拉卡什回答說：「你至少必須相信天堂的存在。而且顯然你對什麼會使某人有資格進入天堂進行了一些思考。告訴我，什麼樣的人會上天堂？」

「好人會上天堂。」他回答。

「我對什麼是好人的概念很不清楚。什麼是好？」

他以典型的印度教方式回答說：「好與壞是相對的。沒有明

確的定義。」

「如果真是如此，先生，好是相對的，不能被定義，你怎麼能假設甘地是好人應該上天堂呢？」

要麼甘地符合某種外在的「好人」標準，因而有資格進入天堂；要麼「好人」是相對的，因而對包括甘地的任何人來說都是一個毫無意義的術語。這兩者不能同時成立。

馬德拉斯的苦難

在同一次旅行中，我和一位名叫卡維塔的印度學生進行了一次討論。當我談論基督教時，她提出了一個常見的異議：「如果上帝如你所說，那祂怎麼能容許這樣的苦難，尤其是對於兒童呢？」她用手劃了一個大大的圈，彷彿要把整個馬德拉斯（Madras，印度南部城市）的苦難都包含進去，那是一種巨大的痛苦。

我首先指出，上帝沒有對印度做這樣的事情。是印度教做的。思想是有後果的，馬德拉斯的苦難是印度教教義和印度人信仰的直接結果。

然後我解釋說，這種情況不會一直持續下去。有一天，一切邪惡都將被消滅，耶穌將親自抹去每一滴悲痛的眼淚。

「那怎麼可能呢？」她反對道：「善與惡是作為兩極存在的。如果沒有惡，就不可能有善。兩者必須互相平衡。」

我立即注意到卡維塔的回答與她的第一個問題互相矛盾。「讓我重複一下這種推理，你再告訴我你的看法。」

她點頭。

「你問：『為什麼無辜的兒童在街上挨餓？』我回答：『善與惡是作為兩極存在的。馬德拉斯的兒童挨餓，所以世界其他地方

的孩子才可以快樂健康。兩者互相平衡。』你覺得怎麼樣？」

當這一點深深地印在她心中時，她被迫笑了笑。「一針見血！」她回答。

上帝到底慈不慈愛？

在電影《爭論》（*The Quarrel*）上映後，我遇到了一個兄弟吵架型矛盾的明確例子。這是一部探討上帝和大屠殺問題的電影，製片人大衛・布蘭德斯（David Brandes）請我主持一場討論會，與觀眾討論電影中引發的道德問題。

在觀眾席一側，一位猶太女士提出了一個觀點：也許上帝允許大屠殺，是對以色列走向世俗主義的懲罰。〈申命記〉第28章記載了對叛教者的咒詛，在此背景下，有些猶太思想家提出了這種可能性。這個觀點引起了觀眾席另一側的嘲笑：「哦，那可真是一位慈愛的上帝啊。」

我請大家注意第二個評論（「那可真是一位慈愛的上帝啊」）所隱含的衝突。有些人認為上帝對世上惡事的反應不夠果斷而馬上提出異議（例如「一位善良的上帝不會容許這樣的事情發生」），但當上帝採取果斷的行動時，他們同樣會馬上提出控訴（例如「一位慈愛的上帝永遠不會進行審判」）。

如果上帝似乎對邪惡無動於衷，祂的善良就會受到質疑；但如果祂以行動懲罰罪惡，祂的愛又會受到質疑。這些反對意見在大多數情況下是彼此衝突的，它們彷彿兄弟間的吵架，必須放棄其中之一，因為兩者不能同時兼得[1]。

---

1. 值得一提的是，在基督教觀點中，這種衝突的解決是因為上帝的愛不是感情用事，而是自我犧牲的。祂行使公義的同時，也提供了憐憫和寬恕。

你有什麼資格這麼說？

兄弟吵架型的矛盾是道德相對主義者在反對邪惡議題時，常會出現的一種自毀方式。這件事發生在一家餐廳裡，當時我正在和一位女服務生交談。

一開始，這位年輕女士的言談顯得像一位相對主義者：每個人都有自己的道德觀，對錯是私人事務。誰有權去評斷呢？然而，當我們的談話涉及到其他話題時，邪惡的議題浮現了。世界上有這麼多邪惡，上帝怎麼可能存在呢？

我想讓你注意一下邪惡問題。在這個議題上，反對意見的重點是認為邪惡是宇宙的客觀存在，存在於「那裡」。不過，對於相對主義者來說，這是一個棘手的問題。

根據相對主義的觀點，當有人使用「邪惡」這個詞時，他其實是在表達一種個人偏好或價值判斷。例如，說「婚前性行為是錯誤的」其實意味著「我不認同婚前性行為」或「對我來說，婚前性行為是錯的」。在相對主義的框架下，這個說法並不討論性行為本身，而是在談論說話者的個人立場和觀點。

在這種情況下，想像一下這樣的對話有多荒謬：

「我無法相信上帝。」
「為什麼？」
「花椰菜。」
「花椰菜？花椰菜和上帝有什麼關係？」
「你吃過嗎？它們真的很可怕。」
「我個人同意你對花椰菜味道的看法，但有些人確實喜歡它們。你不喜歡花椰菜和上帝的存在有什麼關係？」
「我無法相信上帝會創造出對我來說這麼難吃的東西，所以

祂一定不存在。」

　　這種反對可說是微不足道。如果相對主義是真實的，將邪惡作為反對上帝存在的理由就是無稽之談。他們的控訴只不過是在表達：「如果上帝真的是良善的，祂不應該允許我不喜歡的事情發生。」

　　魯益師這樣總結：「當然，我也可以放棄我的正義觀，說它只是我個人的想法（相對主義）。但如果我這樣做了，那麼我反對上帝的論點也崩潰了——因為這個論點依賴於宣稱這個世界確實是不公正的，而不僅僅是說它未能迎合我個人的幻想。」[2]

　　說某事是邪惡的，就是說它不是它本來的樣子。這毫無意義，除非這件事物本來就應該是不同的。然而，這正是相對主義者所否認的。

　　這位女服務生同時宣揚了兩個對立的概念——主觀道德和客觀邪惡。這些異議相互衝突，就像一對兄弟在吵架。一個多世紀以前，英國作家柴斯特頓（G.K. Chesterton）就看到了這個問題：「（現代主義者）先參加政治會議，在那裡控訴野蠻人被當作野獸對待。然後他拿起帽子和雨傘去參加一場科學會議，在那裡證明野蠻人實際上就是野獸……在他的政治書籍中，他指責人們踐踏道德，而在他的倫理學書籍中，他指責道德踐踏了人們。」[3]

　　相信「客觀的善惡並不存在」（相對主義）與「基於客觀邪惡的存在而拒絕上帝」是衝突（如同兄弟吵架）的。

---

2. C. S. Luis，《Mere Christianity》（New York: Macmillan, 1952 年），31 頁。
3. G. K. Chesterton,《Orthodoxy》（Chicago: Moody, 2009 年），66 頁。諷刺的是，此引文出現在名為「思想的自殺」（The Suicide of Thought）的章節中。

這樣只是順其自然

如果將同性戀視為自然的現象，因此認為它在道德上是中立的，那麼同性伴侶進行收養就必然是錯誤的。因為按照同樣的標準，父母角色對同性戀者來說就不會是自然的。這兩個問題都遵循相同的原則。如果自然決定道德[4]而同性戀者的自然結果是無法生育子女，那麼對同性戀者來說，養育孩子就是不自然的，因此也是不道德的。

根據他們自己的論證邏輯，對女同性戀者進行人工受精或同性伴侶收養孩子都是錯誤的。這就是一種兄弟吵架型的矛盾。

▶ 殺害孩子型的矛盾

我把殺害孩子型的矛盾放在最後，因為這是最難理解的自毀方式。讓我從一個例子開始。想一想這位頭腦簡單的父親如何結束一封給大學兒子的信：「兒子，如果你沒有收到這封信，請告訴我，我會再寄一封。我另外複寫了一份。」

這讓我們發笑是有原因的。兒子必須收到信才能要求複寫本，但如此他就不需要複寫本了。如果他從未收到原件，他就不知道要求複寫本。在這裡有一種特定的相依關係，就是殺害孩子型矛盾的核心所在。

有時候，一個異議（「孩子」）依賴於必須存在的先前概念（「父母」）。說「聲帶不存在」本身並沒有內部矛盾，但要提出這個主張，就要先有聲帶存在，這樣一來就產生了矛盾。在這

---

4. 我認為這不是一種合理的推理方式，因為它涉及「是／應該是」的謬誤。我只是為了論證的目的而採納這個主張（請參見第 13 章）。

裡，父母概念（聲帶的存在）吞噬了孩子概念（聲帶不存在的主張）。這就是我為什麼稱這種情況為「殺害孩子型的矛盾」。

如果一個主張只有在其依賴的父母概念為真時才能提出，然而該主張卻否認了父母概念，那麼這個論點就犯了殺害孩子型的矛盾。這種情況下，孩子概念被其依賴的父母概念所摧毀了。

保齡球與邪惡

我所知的殺害孩子型矛盾的最有力案例，與邪惡的問題有關。我們看過道德相對主義者對邪惡提出的控訴，由於兄弟吵架型的矛盾而受到損害。然而，當道德客觀主義者（相信真正的普遍性道德的人）說上帝不可能因為邪惡而存在時，他們的觀點卻以另一種方式失敗了，因為它陷入了殺害孩子型的矛盾。

> 令人驚訝的是，邪惡並不是反對上帝的好論據，我相當確信它是證明上帝存在的最好證據之一。

無神論者必須回答的第一個問題是：「你所謂的『邪惡』是什麼意思？」他的直覺是舉出邪惡的例子（謀殺、酷刑、壓迫）。但這沒有抓住重點。為什麼一開始就說這些事物是邪惡的呢？我們必須先對邪惡有一個清晰的概念，才能舉出邪惡的例子。

我想讓你們思考一下好與壞的概念。比如說，你如何區分一個好的保齡球手和一個壞的保齡球手？在保齡球比賽中，只有一件事是最重要的：擊倒最多球瓶的人獲勝，得分才是最重要的。

要知道，在任何事情上，平庸者和高手之間的區別，就需要一種評分的方法。必須有完美的標準來衡量你的表現。在保齡球比賽中，這個標準就是三百分——每一局都擊倒所有球瓶（有些

人做到了）。如果你是一名高爾夫球手，那麼每個洞只花一桿，就是高爾夫的完美表現（沒有人做到這一點）。

　　請注意，即使完美是無法達到的，仍然需要一個評分系統來區分卓越、平庸和悽慘的失敗。同樣，道德判斷也需要一種評分方法來區分美德和罪惡。這就是我之前提到的，將道德相對主義與對世界上客觀存在的邪惡的控訴連結在一起的失敗之處。如果沒有評分系統（相對主義），就不可能有邪惡。

　　在本章的前半部分，我觀察到人們在看到事物不符合它們應有模樣時，會使用「邪惡」這個詞。我們心中有一個標準，一種道德的評分系統，讓我們能夠識別出道德上的缺陷。我們之所以稱某些事物為邪惡，是因為我們意識到它們在善良尺度上的得分很低。如果沒有這個標準，就不可能辨別出錯誤。魯益師指出：「我反對上帝的論點是宇宙似乎如此殘酷和不公，但我怎麼會產生這種公正與不公的概念呢？一個人不會稱某物為彎曲，除非他意識到有直線。」[5]

　　這就是無神論者的問題所在。他必須說明道德評分系統（道德的「直線」）從何而來，使他能夠辨識邪惡。使整個「惡」的概念變得可以理解的客觀良善的超驗標準又在哪裡？道德法則是偶然的產物嗎？如果是，為什麼要遵守它們？是什麼或誰來確定事情應該是什麼樣子？

　　這裡有一種見解很有幫助。道德規則包含命令和服從命令的責任，兩者都需要心思意念。倫理學家理查德・泰勒（Richard Taylor）解釋道：「義務是一種必須償還的東西……但這個償還只有對某人而言才成立。義務沒有孤立存在的可能。道義義務的概

---

5. C.S. Luis,《Mere Christianity》, 31 頁。

念是……離開了上帝的概念就難以理解了。文字還在，但意義空洞了。」[6]

　　似乎沒有一種合理的方式可以解釋超越性的客觀良善標準——即犯下所謂邪惡行為的人所違反的道德法則——除非我們承認存在一位超越的道德法則制定者。在電影《爭論》中，拉比赫爾對世俗主義者海姆提出挑戰：「如果宇宙中沒有比人類更高的存在，那什麼是道德呢？只不過是觀點不同而已。我喜歡牛奶，你喜歡肉；希特勒喜歡殺人，而我喜歡救人。誰能說哪個更好？你開始看到其中的恐怖了嗎？如果宇宙沒有主宰，那麼誰能說希特勒做錯了什麼？如果沒有上帝，那麼殺害你妻子和孩子的人什麼都沒做錯。」[7]

　　一位道德完美的上帝是使邪惡存在合理的唯一充分標準。既然上帝必須存在才能使邪惡變得明晰，邪惡就不能成為反對上帝的證據。這種控訴犯了殺害孩子型的矛盾。

> 諷刺的是，邪惡並不能證明無神論，它證明的恰恰相反。只有上帝存在，邪惡的問題才會成立。只有有神論者才能提出這個論點，而不是無神論者。當無神論者提出這個論點時，就陷入了自毀的矛盾困境[8]。

---

6. Richard Taylor,《Ethics, Faith and Reason》（Englewood Cliffs, NJ: Prentice Hall,1985 年），83-84 頁。

7. 電影《The Quarrel》，導演為 Eli Cohen，由 Honey and Apple Film Corporation 在 1991 年發行於加拿大。

8. 如果無神論者不肯定客觀邪惡的存在，而只是指出有神論世界觀存在矛盾，他便逃出了這一困境，那我們將採用不同的策略來解決邪惡的問題。不過，通常提出此異議的無神論者都相信存在著真正的邪惡。

　　請注意，這種困難與之前提到關於邪惡的「兄弟吵架型矛盾」有所不同。在這種情況下，有兩種不相容的主張並存：第一種認為真正的邪惡並不存在，因為道德是相對的；第二種是邪惡確實存在，所以上帝的存在是有問題的。如果有人同時堅持這兩種觀點，就會產生不可調和的衝突——兄弟吵架型矛盾的爭論，這兩個觀點必須二選一[9]。

　　然而，在「殺害孩子型矛盾」問題中，道德概念（以及相應的邪惡概念）是建立在上帝存在的前提基礎上。上帝的存在似乎是必要的，才能使關於邪惡的對話得以連貫。因此，邪惡的存在永遠不能用來反駁上帝，因為如果沒有上帝，這些異議就毫無意義。

有道德的無神論者？

　　那些認為上帝是道德的必要條件的基督徒，有時會犯一個錯誤。他們錯誤地認為無神論者不可能有道德。《懷疑論》雜誌總編、無神論者邁克‧雪默爾就曾反擊道：「看，我是一個無神論者，而我有道德。」

　　他的批評和回應都沒有理解重點。問題不是無神論者是否能有道德，而是他是否能在沒有上帝的宇宙中理解道德。即使人們無法理解為什麼地心引力會有作用，它仍然起作用。

　　「它為什麼起作用」這個問題是哲學家所謂的基礎問題。什

---

9. 以下是如何以「兄弟吵架型矛盾」的角度解決這個問題：(1) 上帝不以道德立法者存在，因此沒有道德法律可犯，因而邪惡不存在。(2) 邪惡存在，因此存在超越的道德法律，也存在超越的道德立法者，因此上帝存在。要麼沒有上帝也沒有邪惡，要麼邪惡存在，上帝也存在。似乎不可能的選擇是邪惡存在，但上帝不存在。這些觀念存在衝突，是兄弟吵架型矛盾的犧牲品。

麼是道德的基礎？它立基於什麼？哪種解釋最能說明一個道德宇宙？哪種世界觀對善或惡的存在最合理？

　　無神論是一種物理主義體系，它沒有足夠資源來解釋一個充滿非物理事物（如道德義務）的宇宙。順帶一提：一些東方宗教也做不到這一點。如果我們認為現世實際上是一種幻象，就像古典印度教所主張的那樣，那麼善惡之間的區別就是毫無意義的。

　　基督宗教的上帝的存在是必須的，才能充分解釋道德法則。如果沒有上帝，那就不會有真正的善。一個人的行為（無神論者的行為）可以模仿另一個人的行為（基督徒的行為），但如果沒有一個外部標準（一個評分系統），無論是無神論者還是基督徒都不可能是真正的好（或者壞）。有神論解決了道德的基礎問題。它解釋了即使像邁克·雪默爾這樣的無神論者也能真實地做出高尚的行為：他仍然生活在上帝的世界中。

更多科學上的自毀

　　我想重新討論一個之前出現的問題。在第十章中，我展示了「科學是唯一可靠真理的來源」這一觀念是如何陷入我所說的形式上的自毀。然而，這個觀念是雙重的死亡，因為它還陷入了殺害孩子型的矛盾。

　　「科學至上主義」一詞描述了這樣一種觀點：科學是瞭解世界真理的唯一可靠方法。哲學家摩爾蘭德（J.P. Moreland）寫道：「科學之外的一切都僅僅是信仰和主觀意見的事物，理性評估是不可能的。」[10]

---

10. J. P. Moreland，《Christianity and the Nature of Science》（Grand Rapids: Baker, 1989 年），104 頁。

科學至上主義是如何陷入殺害孩子型矛盾的呢？想像一下，你想要將所有知識收集到一個盒子中，讓我們稱之為真理之盒。在任何所謂的真理進入盒子之前，都必須先通過科學真理的測試（這是科學至上主義的主張）。

問題在於，你的知識項目根本無法啟動，因為在科學本身進行分析檢驗之前，一些真理必須先存在於真理之盒中，例如邏輯和數學的真理、我們感官基本可靠性的真理，還有一些以道德形式表達的真理，比如「誠實報告所有數據」也必須在盒子中。整個科學方法必須在盒子中，才能使用該方法來檢驗其他事物的真實性。

這些真理中的任何一個都無法通過科學的方法建立，因為科學無法在知識真空中運作。在科學可以開始檢驗其他真理之前，必須有一些不是通過科學手段而得知的真理。由於科學至上主義的概念（孩子）與使科學成為可能的非科學前提（父母）相矛盾，科學至上主義作為一種全面的知識觀，陷入了殺害孩子型的矛盾。

自由、理性和知識

當人們提出關於決定論的論點時，我總是覺得很奇怪。原因如下：

決定論者聲稱自由意志是一種幻覺，我們的每一次選擇都是由之前的情境嚴格地預先決定的。我們所有的「選擇」都是我們無法控制的盲目物理力量的必然結果。

這種觀點的問題在於，沒有自由意志，理性就無法運作。論點不再有意義，因為沒有人能夠將信念建立在充足的理由之上。人們無法區分好主意和壞主意，一個人之所以擁有信念，只會因為他被預先決定這樣做。

　　這就是當有人要爭論決定論時，我為什麼會覺得奇怪。如果決定論是真實的，那麼這個人必定已經被預定為相信它，而其他人也同樣被預定為不同意。他將不得不承認理由無關緊要，嘗試仔細思考這個問題完全是白費時間。

　　儘管決定論在理論上可能是真實的（據我所知，這沒有內部矛盾），但如果是這樣，沒有人會知道這一點。每一個想法、傾向和觀點都是由我們無法控制的因素決定的。

　　相比之下，真正的知識是基於充分的理由，而不是決定論的反應。因此，決定論的論點是自毀的。父母概念（決定論）摧毀了孩子概念（對決定論的論點）。

▶自毀策略的目標

　　當我使用任何形式的自毀策略時，我有一個具體的目標。我想向這個人顯示她的信念中存在著致命的矛盾——如果他真正理解的話，就會改正這個問題。此外，這種矛盾表明他內心深處並不真的相信他所說的一切。

　　當他說「沒有真理」時，他其實相信有一些真理，但對其他一些真理（可能是你與他談論的那一個）抱持懷疑態度。當他說「將道德觀強加給他人是錯的」時，很明顯他不認為這總是錯的，只是有時錯誤的（可能是在你對他說話的情況下）。

　　我想你可以明白，自毀策略並不是一個終點，而是作為進一步提問的橋梁：什麼樣的證據足以使我們對某事的真實性充滿信心？在什麼情況下我們可以合法地將我們的道德觀施加給別人？這些情況在這裡是否適用？

─── // **本章學到的功課** // ───

在本章中，我們總結了對自毀策略的探討，也討論了最後會使觀點自毀的兩種方式：兄弟吵架型的矛盾和殺害孩子型的矛盾。有時，反對意見會兩個一起出現，在邏輯上互相矛盾，就像兄弟吵架一樣，它們是對立的，如兄弟姐妹之間的衝突。由於它們互相矛盾，這兩個反對意見都不能成為正當的異議。只要指出這種矛盾，至少其中一個可以被淘汰。

殺害孩子型的矛盾比較難理解。有時，一個異議（「孩子」）依賴於一個先前的概念（「父母」），而這個概念必須先存在，才能提出質疑。一個主張必須在它所依賴的父母概念為真的情況下才能被提出，但如果這個主張否定了父母概念，那麼父母概念就「殺死了」孩子概念，這個主張就陷入了殺害孩子型的矛盾。

我們可以看到這種自我矛盾如何適用於「邪惡問題」：既然上帝的存在是邪惡概念變得可理解的必要條件，那邪惡的存在就不能用來證明上帝不存在。恰恰相反，如果邪惡存在，那麼良善也存在；如果良善存在，那麼上帝就存在。因此，諷刺的是，邪惡的存在正是支持上帝存在的有力證據，而不是反對祂的證據。

CHAPTER 13

———•———

掀開屋頂策略：
推翻錯誤的論點

　　當某些觀點被認真對待時，它們不一定會自我毀滅，但可能會以不同的方式與自身矛盾。當這些觀點被堅持並實行時，往往會導致不尋常甚至荒謬的結論。

　　為了理解這個過程，可以想像地圖和高速公路的情景。如果你在洛杉磯，想沿著海岸線前往聖塔芭芭拉，有人可能會畫一張地圖來指引你。然而，如果你非常仔細地按照指示行駛，卻發現自己前往了沙漠，你就會知道地圖上的路線有問題。

　　同樣的情況也適用於世界觀。世界觀就像地圖，是某人對世界的看法。構成世界觀的個別想法就像通往不同目的地的高速公路。如果使用地圖卻到達了奇怪的目的地，要麼是地圖的某部分不準確，要麼是地圖本身不適用於該區域。

當我們談到實際地圖時，後者的情況不太可能發生。你不會用芝加哥的地圖來尋找紐約的方向，但在世界觀中，這種情況卻經常發生。有時，即使世界觀地圖上的某些路線是錯誤的，其他部分依然是有用的。在其他情況下，世界觀地圖可能完全不適用於現實情況。

在探索下一個溝通策略時，請記住這個比喻。這有助於你確定某人的現實地圖（他們的世界觀）是否準確，方法是觀察地圖上的路線會把他們引向何處。

> 如果你能幫助某人預先看到他們的地圖路線會把他們帶下懸崖，他們很可能會考慮改變路線。他們甚至可能意識到自己使用的是錯誤的世界觀地圖，並更換為更可靠的地圖。

▶ 對想法進行「試駕」

我從法蘭西斯‧薛佛的著作中學到了「掀開屋頂」這個溝通策略。這個策略很簡單：首先，暫時接受對方的觀點，以便繼續討論。然後，對他的想法進行「試駕」，就是將他的觀點推向其邏輯結論，看看最終會抵達何處。如果結果顯得荒謬或不合理，就指出來，並邀請對方重新考慮他的世界觀。

有時，當你把一個觀點推向其邏輯結論時，結果會違反直覺或顯得荒謬。如果你認真對待一個觀點並一貫地應用，但結果卻是災難性的，那麼你的觀點就是錯誤的。災難性的結果顯示你的地圖有問題。

這個策略揭示了一些論點的空泛，迫使人們反思是否能真正

接受自己所持有的世界觀。那些誠實思考的人會三思而後行，考慮是否要接受一種最終導致不合理、不一致和荒謬的觀點，因為這代價太高昂。「掀開屋頂策略」也稱為「歸謬法」（reductio ad absurdum，又稱為反證法），這是一個拉丁詞語，意思是將一個觀點推向其荒謬的結論或後果。

▶ 為什麼歸謬法有效

在我年輕時，我讀過法蘭西斯・薛佛寫的《在那兒的上帝》（*The God Who Is There*）。薛佛認為，基督徒在思想爭戰中擁有一個強大的盟友——現實。每當有人試圖否認真理，現實最終會背叛他。正如薛佛所說：「無論一個人信仰體系如何，他都必須生活在上帝的世界中。」[1]

人類是按照上帝的形象創造的，必須生活在上帝創造的世界中。儘管文化變遷，人性依然保持不變。觀念可能改變，但最終的現實不會。

> 每個拒絕「在那兒的上帝」的真理的人，都被困在他所說的世界和現實之間。

這種不和諧，薛佛稱之為「緊張點」，正是「掀開屋頂」策略如此有效的原因。任何否認上帝真理的人都生活在矛盾之中。表面上他主張一件事，但內心深處，他相信另一件事，因為他無

---

1. Francis Schaeffer, *The God Who Is There, in The Complete Works of Francis Schaeffer,* vol. 1 (Wheaton, IL: Crossway, 1982), 138. 同上，140-41 頁。

法逃脫上帝在他靈魂上刻印的真理（羅馬書1:19）。為了避免面對這種衝突的後果，他下意識地構建了一種防禦，一個欺騙性的掩護，就是「屋頂」。

我們的工作就是掀開那個屋頂，揭露欺騙，剝除他的虛假安全感。用薛佛的話說：「每個人在緊張點都建了一個屋頂，用來自我保護⋯⋯基督徒應該慈愛地為其拆除掩護（屋頂），讓外部世界的真理和人的本質向他顯示。當屋頂被掀開時，每個人都必須在真相面前赤裸、受傷⋯⋯他必須知道他的屋頂是在真實風暴下的虛假保護。」[2]

無論我們的意識形態如何，在每個人的內心深處都住著一個常識現實主義者。那些不是現實主義者的人，要麼已經死亡，要麼在精神病院，要麼在高速公路下的紙箱堆裡睡覺。

理解這一點給我們帶來了巨大的優勢。處理道德相對主義的關鍵在於意識到，儘管這種觀點表面上堅定不移，但實際上沒有人真正相信它，這是有原因的：如果你從相對主義出發，現實就失去了意義。

有趣的是，那些想要實踐相對主義的人，從不希望相對主義實施在自己身上。薛佛講述了一個故事，說他在劍橋遇到一位猛烈譴責基督教的印度教學生。

「根據你的觀點，」薛佛問：「殘忍和非殘忍最終是相等的，它們之間沒有本質上的區別，對吧？」印度教學生點了點頭。令人驚訝的是，一位理解這一觀點影響的學生拿了一壺沸水，舉到印度教學生的頭頂上，並重複說：「殘忍和非殘忍之間沒有區別。」印度教學生驚慌起身離開。

---

2. 同上，140–41 頁。

從某種意義上說，每個否認上帝的人都生活在借來的資本上。他享受著這個世界的道德、意義、秩序和美麗，卻否認了那位使這些事情成為可能的上帝。

> 當你從有神論出發——「起初，有上帝」——這些目的地是完全合理的。然而，當你從唯物主義出發——「起初，有粒子」——那條路會把你帶向荒謬和絕望的懸崖。

▶ 按部就班，掀開屋頂

如果你按照以下三個步驟進行，掀開屋頂就不會太複雜。

首先，將對方的觀點簡化為其基本的論點、主張、原則或道德規則。這可能需要一些反思時間。問自己：這個人的具體主張是什麼？此時，可倫坡策略的第一步（「你是指什麼？」）會派上用場。清晰地陳述這個想法（如有需要可以寫下來）。如果這是對話的一部分，請跟對方確認你是否正確理解他的觀點。你可以說：「幫我確認一下我瞭解得對不對。」然後盡可能清晰地重述這一點。

其次，將這個想法進行「試駕」推演，看看它會通往何方。問自己：如果我一貫地遵循這個原則，會有什麼後果？對其他問題可能會有什麼影響？它是否會帶我去一個看似錯誤、違反直覺的荒謬之處？這些問題的答案可能不會立即顯而易見，但通常在你仔細思考後會變得清晰。

第三，如果你發現問題，把它指出來。邀請對方思考他的觀點及其導致的荒謬結果的影響。告訴他，如果他堅持這個觀點，它將把他帶到一個看起來不合理的地方。因此，他的原始觀點需

要修正。

例如，德蕾莎修女曾經向加州州長呼籲，停止執行一名惡毒殺人犯的死刑。她認為，既然耶穌會寬恕，州長也應該寬恕。

雖然這個意圖是好的，但這個論點過於簡化，正如我們的策略所顯示的那樣。如果一貫應用這個論點，它會成為放棄對任何罪行進行懲罰的理由，因為人們總是可以辯稱：「耶穌會寬恕。」然而，清空每一座監獄並不是耶穌的建議，因為這將導致巨大的邪惡。死刑在某些方面是可以質疑的，但不是在這一點上。以下是分析：

- **主張**：如果耶穌會寬恕死刑犯，那麼對他們執行死刑是錯誤的。
- **掀開屋頂**：根據這種推論，政府懲罰任何罪犯都是錯誤的，因為人們總是可以說：「耶穌會寬恕。」這似乎很荒謬，尤其是聖經指出，政府的目的是懲罰作惡的人，而不是寬恕他們[3]。
- **因此**：即使耶穌可能會寬恕兇手，也並不意味著政府對他們進行懲罰是錯誤的。

這裡有另一個例子。通常，美國的社會保守派反對給同性伴侶發放結婚證書。對這種意見的一個常見回應是：「這和人們對異族通婚的看法是一樣的。」這種假設認為，既然人們過去反對異族通婚是錯的，那他們現在反對同性婚姻也一定是錯的。

要掀開屋頂，首先要理解其核心論點，我認為可以總結為：

---

3. 羅馬書 13 章 3-4 節、彼得前書 2 章 14 節。

我們過去在一個婚姻問題上（異族通婚）錯了，所以現在在另一個婚姻問題上（同性婚姻）也是錯的。以下的對話說明了這種邏輯的缺陷：

「我不認為政府應該贊成同性婚姻。」

「你知道，人們對異族通婚也是這樣說的。他們當時是錯的，而你現在也是錯的。同性婚姻是對的。」

「所以你認為政府應該贊同同性婚姻？」

「當然。」

「但人們過去也說政府應該贊同奴隸制。他們當時是錯的，而你現在也是錯的。同性婚姻是錯的。」

以下是分析：

- **主張**：因為人們過去在一個問題上是錯的，所以他們現在在另一個問題上也是錯的。
- **掀開屋頂**：既然政府過去支持奴隸制是錯的，那麼政府現在支持同性婚姻也是錯的——這種推論是荒謬的，因為同樣的推論方式卻得出了自相矛盾的結果：同性婚姻既是錯的，又是對的。
- **因此**：主張人們過去對異族通婚的錯誤，不能證明他們現在對同性婚姻的反對也是錯的。

唯一解決這個問題的方法，是展示異族通婚和同性婚姻在政府支持上的相似性。然而，這種相似性並不存在。

耶穌在與法利賽人辯論時就使用了「掀開屋頂」的策略，請

注意他是如何將法利賽人的推理歸到其邏輯上的荒謬結論。法利賽人說：「這個人趕鬼，無非是靠着鬼王別西卜罷了。」耶穌知道他們在想什麼，就對他們說：「一國自相紛爭，必定荒蕪；一城一家自相紛爭，必立不住。若撒但趕出撒但，就是自相紛爭，他的國怎能立得住呢？……如果我靠上帝的靈趕鬼，這就證明上帝已經在你們當中掌權了。」（馬太福音 12:24-26, 28）

以下展示了掀開屋頂策略的運作方式：

- **主張：**耶穌是藉著撒但的權柄趕鬼。
- **掀開屋頂：**如果耶穌權柄的來源是撒但，那麼撒但就是在驅逐自己、毀滅自己的國。這是荒謬的。
- **因此：**耶穌的權柄不可能來自撒但，而是來自反對撒但的神。因此，反對耶穌的人其實是在反對神，而不是反對撒但。

以下每個小故事都使用了「揭示問題核心」的技巧來應對常見的挑戰。請注意這些技巧的多種應用，因為人們經常抱持著會導致荒謬結論的信念。

▶ 只要是天生的，就是道德的嗎？

以天生自然來合理化「性取向」是很常見的。有些人認為，只要聲稱「我天生如此」就足以抵制對其行為的道德批評。但為什麼要選擇這種方法呢？為什麼認為自然狀態可以作為道德的指引？

基本論點可以總結為：任何自然的事，就是道德的事。同性性取向對同性戀者來說是自然的[4]，因此同性性取向就是道德的。

如果我們採用這種推論方式，會發生什麼？

　　我曾在廣播中問一位使用這種推論來辯護同性戀的聽眾，詢問他同樣的邏輯是否也能合理辯護對同性戀者的暴力。如果科學家找到了一種導致對同性戀者進行攻擊的基因，那麼暴力行為就是可以接受的嗎？當然不是。如果真的存在一種導致對同性戀者進行攻擊的基因，正確的反應應該是抵抗其影響，而不是屈服於它。

　　十七世紀哲學家湯瑪斯・霍布斯（Thomas Hobbes）曾經指出，在未受規範的自然狀態下生活，是「孤獨、貧窮、骯髒、殘暴，並且短暫的」。人們將自然衝動表現出來的世界是殘酷的，動物總是按照自然的本能行事，而道德能保護我們。

　　既然順應自然的生活將導致各種野蠻行為，因此用自然狀態來辯護任何事情都是毫無意義的。順應自然與有原則的自我克制之間的區別，被稱為文明。道德克制人們的自然傾向，而不是贊同它，這才是我們真正的避難所，讓我們不會過著「孤獨、貧窮、骯髒、殘暴，並且短暫的」生活。

　　以下就是歸謬法的展示：

---

4. 另外，科學研究告訴我們完全不同的故事，根據多項研究。學生研究提供了令人信服的證據，表明同性戀不是先天的。根據西北大學的麥克・貝利（Michael Bailey）的研究，使用一個有兩萬五千對學生兄弟姐妹的紀錄，發現在雙胞胎中兩人皆為同性戀者僅有九分之一（11％）。有關詳情，請參見麥克・貝利等人的論文，"Genetic and Environmental Influences on Sexual Orientation and Its Correlates in an Australian Twin Sample", *Journal of Personality and Social Psychology* 78（2000）：524-36。同性吸引力也並非不可變。來自荷蘭的一項針對 385 名男性的研究發現，有同性吸引力其中的 51% 表示他們的同性吸引力在生命的後期消失了（Theo Sandfort, "Sampling Male Homosexuality," *Researching Sexual Behavior*, 1997）。在另一項對 20747 名高中生的研究中，68% 的 15 歲有同性吸引力的人在 21 歲時有了異性吸引力（" Prevalence and Stability of Sexual Orientation Components During Adolescence and Young Adulthood, *Archives of Sexual Behavior,* 2007）。

- **主張：**任何「自然」的傾向或行為在道德上都是可接受的。
- **掀開屋頂：**如果某人攻擊同性戀（或任何其他罪惡行為）是天生自然的，那就一定是可以接受的。這種邏輯顯然有問題。
- **因此：**即使某種衝動是天生自然的，這並不意味著它是道德的。任何「性取向」都不能通過這種方式辯護。

上帝不接住粉筆，就表示祂不存在？

或許你曾聽過一個無神論哲學教授的故事，他每學期都會進行一個把戲，以說服他的學生沒有上帝[5]。他說：「任何相信上帝的人都是傻瓜。如果上帝存在，祂就能阻止這支粉筆掉到地上碎掉。這樣一個簡單任務就能證明祂是神，而祂卻做不到。」然後教授讓粉筆掉到地上，看著它戲劇性地在教室地板上碎裂。

如果你遇到任何嘗試這種愚蠢把戲的人，就掀開屋頂吧。用教授的邏輯來測試你自己是否存在。告訴旁觀者，你將證明自己並不存在。

讓別人拿著一支粉筆，懸在你伸出的手掌上方。解釋說，如果你真的存在，你應該能夠完成接住粉筆的簡單任務。當他讓粉筆掉下時，讓它摔到地上碎掉，然後宣布：「我猜這證明我不存在。不過，如果你相信我，你就是傻瓜。」

顯然，這個粉筆把戲無法說明上帝的任何事。它唯一能夠顯示的是，如果上帝確實存在，祂也不是馬戲團裡的動物，可以被

5. 這個故事幾乎可以肯定是一個都市傳說。我之所以提起它，有兩個原因。首先，即使是虛構的，它仍然很好地說明了這一策略。其次，這個故事已經廣泛流傳，你可能會遇到這樣的無神論者要求「證據」並對其做出回應。

戲弄跳圈來安撫愚蠢之人的胡思亂想。

▶「搬出兩歲小兒」的技巧

　　事實上，幾乎所有支持墮胎的論點，從邏輯上來說，也可以用來為殺害新生兒辯護。如果我們接受在出生前剝奪無辜人類生命是可以的，那為什麼出生後就不可以呢？從子宮到外界的產道之旅並不能神奇地把一個「非人類組織塊」轉變成一個有價值的人。

　　當有人以「女性有選擇權」為由辯護墮胎時，我們可以使用一種稱為「搬出兩歲小兒」的方法來掀開屋頂。這種方法是問對方：按照同樣的邏輯，一個女人是否也應該有權力殺死她一歲的孩子[6]？畢竟，胎兒和一歲的嬰兒都是人類，我們應該對所有人類適用相同的道德標準。如果我們接受選擇權、隱私權和身體自主權的論點，那麼這些論點不僅會危及未出生的胎兒，也會危及已經出生的嬰兒[7]。

　　在新墨西哥大學，有一名學生提出我們應該允許墮胎，以免孩子將來遭受虐待。福音組織的「站在理性一方」講師史蒂夫·華格納（Steve Wagner）用「搬出兩歲小兒」的方法回應道：「那麼，我們是不是也應該殺死兩歲的孩子，以免他們將來受到虐待？」

---

6. 這是我在第一章中對威斯康辛的女巫採取的方法。對方可能會反駁說，胎兒與一歲嬰兒作為人在某種意義上不是以相同的方式。我的回應是：「我想你也可以說，一歲嬰兒與十四歲青少年作為一個人在生長和發展方面並非以相同的方式，即使如此，她仍然是一個完整的人。」

7. 普林斯頓大學的倫理學家 Peter Singer 坦承，「我們必須面對這樣一個事實，（支持墮胎的）這些論點不但適用於胎兒，也同樣適用於新生兒……如果出於我給出的理由，胎兒沒有與人一樣的生存權利，那麼新生兒似乎也是一樣的。」另一位哲學家則大膽提出了同樣的觀點：「出生後墮胎：嬰兒為什麼應該活下去？」（After Birth Abortion: Why Should the Baby Live?）

「我從未想過這一點。」那名學生說。這正是問題所在。人們往往不會思考自己觀點的邏輯，而我們的任務就是幫助他們看清楚，如果堅持這種邏輯，最終會導向何方。

▶ 是誰在製造仇恨？

有一群人指責基督徒，認為他們對同性戀的道德批評正在製造一種仇恨氛圍。他們使用「次等」這個詞來描述這種情況。他們認為，當基督徒宣稱同性戀是錯誤的，就等於把同性戀者貶低到「次等」地位，使他們成為被蔑視、被憎恨、被施以暴力虐待的對象。

然而，仔細分析這種邏輯，其缺陷就變得明顯。在洛杉磯，一位同性戀的廣播主持人就指出了這種思維方式的問題：如果這種邏輯成立，那麼每次有酒鬼在小巷中被毆打，戒酒會也要負責任，因為他們宣稱酗酒是不對的。

這種論點對使用它的人也同樣危險。如果道德批評導致仇恨，而仇恨又導致暴力，那麼，那些因為基督徒譴責同性戀而譴責基督徒的人，是不是也在煽動對基督徒的仇恨呢？事實上，說道德上譴責同性戀會導致對同性戀者的暴力行為，就如同說譴責「偏執」的基督徒會導致對信徒的暴力行為一樣，這種邏輯是站不住腳的。通過掀開屋頂的策略，我們可以清楚地看到，這種攻擊實際上並不是在維護道德原則，而是在保護某些人的個人偏好。

▶ 信心 vs. 知識

有些人認為事實和知識會破壞真正的信仰。他們的推理是這

樣的：〈希伯來書〉11章6節說「沒有信，就不能討上帝的喜悅」，他們認為信心就是相信我們無法知道的事物。因此，信心和知識是兩個極端，我們掌握的事實越多，信心的空間就越小。甚至，面對大量的反面證據時仍然堅持信心，才是上帝最喜悅的。

然而，如果你接受這種對信心的理解，就會陷入一個思想上的困境。首先，護教（為信仰提供理性證據）這件事就變得毫無意義。但〈彼得前書〉3章15節卻告訴我們，要為我們心中的盼望隨時準備答辯。而且，耶穌和使徒們經常為他們的主張提供論據和證據。

其次，如果知識和信心成反比（即知識越多，信心越少），那我們找到越多反對基督教的證據反而是好事。因為這樣我們的知識就會減少到零，從而為盲目的信心提供了最大的空間。按這種邏輯，相信一件你明知是假的事情反而成了最大的美德。上帝會最喜悅那些明知復活可能沒有發生，卻仍然相信的人。

但使徒保羅說這種想法是可悲的。他說：「基督若沒有復活，你們的信仰就是幻想，你們仍然迷失在罪中。這樣的話，死了的基督徒就都算滅亡了。如果我們信基督的人只在今生有希望，我們就比世界上任何人更可憐了。」（哥林多前書15:17-19）

根據保羅的說法，如果我們相信的與事實相反，我們的信心就是空洞的。我們不是值得讚揚的英雄，而是可憐的傻瓜。

那麼，這種理解哪裡出了問題呢？關鍵在於「信心是相信我們無法知道的事物」並不符合聖經的教導。在聖經中，信心和知識並不對立，而是互相配合的。信心的對立面不是事實，而是不信。知識的對立面不是信心，而是無知。在基督教中，無信和無知都不是美德。

▶ 演化論的矛盾

　　有沒有人注意到每年地球日慶祝中的矛盾？這些慶典的參與者大多數是達爾文主義者，他們相信人類有義務保護環境。但從自然主義的世界觀來看，有什麼理由讓人們在意這一點呢？

　　數百萬年來，大自然一直向地球大氣中排放有毒煙霧和有害氣體，並在陸地上灑滿灰燼和岩漿。宇宙中最自然的狀態就是死亡。據我們所知，地球是獨特的，但死亡無處不在。

　　物種自時間開始以來一直以穩定的速度滅絕，強者取代弱者。每個物種都在為生存而奮鬥，毀滅的過程推動了進化，讓最優秀的生物勝出。這就是自然主義的邏輯。然而，我們卻對管理地球有著強烈的責任感，這是為什麼？地球日的道德動機根本無法從達爾文主義中推論出來。然而，如果上帝將管理地球的責任交給人類，這就是合理的。深入推敲這一點（也就是將一個想法推向其邏輯結論）顯示出地球日對有神論者有意義，對達爾文主義者卻沒有意義。

　　這裡是同一個觀點的延伸：如果沒有上帝，我們都是隨機演化，動物和人類之間沒有根本區別。然而，我們允許農夫區分牛群中的弱者和強者，但當希特勒以相同方式對待人類時，我們卻感到震驚。從達爾文主義的角度來看，為什麼前者是對的而後者是錯的呢？

▶「支持選擇權」的進階版

　　「支持選擇權」修改版的立場是政治人物最常用的墮胎藉口：「我個人反對墮胎，但我認為不該把我的觀點強加在他人身上。」

　　我曾在一次會議上與一位持這種觀點的人討論。每當遇到這

種立場時，我總是提出同樣的問題：「你個人為什麼反對墮胎？」

我從他那裡得到的回答總是千篇一律：「我認為墮胎是殺害嬰兒，但那只是我的個人觀點。」

為了釐清他的立場，我重複了他的觀點：「讓我確認一下我的理解沒錯。你確信墮胎是在殺害無辜的孩子，但你認為法律應該允許女性這樣做。我說得對嗎？」

他對我的措辭提出異議，但當我問他我誤解了哪一部分時，他沉默了。事實上，我並沒有誤解，那正是他的觀點。

> 總歸來說，「支持選擇權」修改版的立場的邏輯就是：「我認為殺害我的孩子是錯的，但我不認為我們應該阻止其他人殺害他們的孩子。」

▶ 當對方說「那只是你的說法」

當你提出一個聖經觀點，如果對方用「那只是你的說法」來回應，這在面對「掀開屋頂」策略時將顯得不堪一擊。使用第一個可倫坡問題「你是指什麼？」來確定對方是否認為所有解釋都同樣有效，而你的觀點只是眾多選擇中的一個。

如果你懷疑這是他的觀點，就可以「掀開屋頂」，將他的話無限套用。舉例而言，告訴他你很遺憾聽到他認為所有有缺陷的嬰兒都應該被處決。當他吃驚時，告訴他這是你對他的話的理解，問他你這樣理解是否正確。

不過，不要讓他懸在空中。釐清你的觀點：讓他知道有些解釋比其他的更合理。如果對方認為你曲解了經文，就請他指出你的錯誤，而不是用這種薄弱的回應來打發你。

// **本章學到的功課** //

「掀開屋頂」是一種揭露某些觀點荒謬性的技巧。如果仔細推敲，這些觀點會導致反直覺、甚至荒謬的結果。這種策略的另一個名稱是「歸謬法」。

這種策略有三個步驟。首先，我們將觀點歸納為其基本的論點、主張、原則或前提。其次，我們將這個觀點推向極端，看看持續應用這個觀點的邏輯是否會產生荒謬的結果。第三，我們邀請對方思考他觀點裡的不尋常意涵以及從歸謬法得出的結論。

「掀開屋頂」的方法之所以有效，是因為人類是按照上帝的形像創造的，必須生活在上帝創造的世界中。否認這一事實的人會處於他所聲稱的世界與現實之間的矛盾中。為了保護自己免受這種矛盾的困擾，人們建立了一種自我欺騙（一種屋頂）以隔絕他們信仰的邏輯推斷。通過這種策略，我們掀開這個屋頂，剝除他們對虛假安全感的依賴，然後向他們顯示真理。

CHAPTER 14

—•—

面對強勢者的策略

　　很少人願意承認他們的信念是錯的。有些人甚至在你的觀點合理、態度優雅的情況下仍然進行頑強的抵抗。你有沒有想過人們為什麼這樣做？為什麼人們忽視良善的論點？

　　我認為有四個抗拒的原因，我想解釋一下，然後給你一個按部就班的計劃，來應對那些過於自信、霸道，並且經常令人不知所措、會打斷對話的人，我稱之為強勢者。

▶當辯論不起作用

　　當辯論使用得當時，它們榮耀上帝。但辯論有其限制，並非總是有效的。當這種情況發生時，有些人可能會誤以為辯論本身是毫無用處的。

　　這是一種錯誤。如果你正在尋找一條完美的邏輯線，一個能夠征服所有反對意見的策略，那麼你是在浪費時間。沒有魔法，沒有一發必中的銀色子彈，沒有任何能確保他人信服的巧妙思維或措辭。

　　是的，理性上的反對可能成為信仰的障礙。基督教的訊息並不一定對每個人都有吸引力，有時它會引發疑問或反對意見，使一些人在解決這些疑問之前，難以考慮接受基督信仰。

　　然而，理性的訴求往往因為其他原因而無法說服對方。至少還有三個問題可能使你正在交談的對方忽視你的觀點。這些問題與清晰的思考無關，即使最初對方是基於理性而反對，如果你深思熟慮的回應不被接受，或者更糟糕的是根本未被注意到，也許以下的原因之一正潛伏在暗處。

　　首先，情感因素可能造成抗拒。許多人與基督徒有不愉快的過往，或者曾經與言行不一的教會有過痛苦的交集。另一些人可能認為接受基督教意味著無法在永恆中與深愛的逝去親人相聚，只有面對黑暗、絕望和永恆痛苦的命運。情感上，這是他們無法忍受的事實。

　　還有一些人知道，若他們考慮信仰基督，將面臨家人和朋友的排斥，或者可能遭受財務損失、身體傷害，甚至是生命危險。這些強大的阻礙可能使最有說服力的辯論顯得不足夠或不具說服力。

　　第二，有些人因為偏見而猶豫。在真正聽取你的理由之前，他們可能已經對你的觀點有所預設，並且只關心捍衛自己根深蒂固的立場，不願意考慮其他可能性。

　　文化因素在這裡起了很大的作用。基於偏見的抗拒在那些有宗教信仰或強烈支持非宗教信仰（如自然主義）的人當中尤其顯著。例如，有些教派的人可能以有偏見的方式捍衛他們的教派特

色，帶著有限的視野堅持自己的立場，不願考慮其他觀點的優點。

最後，有些人只是固執己見。他們抗拒的真正原因並不比單純叛逆更優雅或複雜。耶穌說，人們愛黑暗而不愛光明，因為他們的行為是邪惡的（約翰福音 3:19）。因此，他們頑固地抗拒，無力地對抗上帝，直到最後的痛苦結局。

我們必須認識到，他人的回應是我們無法完全控制的，這主要取決於上帝的作為。雖然我們可以盡力消除一些負面因素或疑惑，但我們也應該在自己的努力中尋求上帝的引導。然而，一個人對上帝的深深反抗，只有超自然的解決方案才能真正改變。

當有人強烈反對你時，不要指望他會迅速改變立場。信仰的改變不是一個簡單快速的過程，尤其是牽涉到重大的個人利益時。通常情況下，使一個人承認在重要事情上錯誤的過程是漫長而艱難的。

有時候，一個人的抗拒情緒可能會讓他使用惡言來抨擊你。在與這些強勢支配、粗暴強硬的人進行對話時，你需要一個計劃，才能保持主導地位。我建議的策略是採取一種叫做「面對強勢者」的防守策略。

▶ 應對強勢者的三步驟

偶爾，你會遇到一些試圖以氣勢壓迫你的人。他們不會用事實或論點來說服你，而是用他們的個性力量壓過你。他們的挑戰迅速且不停歇，讓你無法冷靜思考並給出深思熟慮的回答[1]。

---

1. 或許你想知道陷入困境（在第六章提到）和面對強勢者之間有什麼不同。在前者，你僅僅是能力上不敵對手。而在後者的情況下，你會感到被壓制。你可能有能力應對異議，實際上卻沒有真正的機會。

如果這聽起來很熟悉，那麼你已經被強勢者壓制了。這種情況在女性與男性交談時尤為常見，但女性也可能是加害者。

強勢者有一個明顯的特點：經常打斷別人。一旦你開始回答，他們會在聽到你解釋中不喜歡的部分時打斷你，然後提出另一個反對意見或挑戰。如果你試圖回應新的話題，他們會再次打斷，改變話題，提出新的挑戰，但實際上從未真正聽取你所說的任何內容。你會發現自己不斷失去平衡，處於守勢。

有些強勢者更多的是心不在焉而不是粗魯。他們無法長時間保持一條思路，總是不斷跳來跳去，提出新的挑戰，而不聽取你一直在強調的重點。他們並不虛偽，但也不真正認真在聽，所以無論你的回答多好，你都無法取得進展。

儘管有些強勢者是善意的（只是過於激動，但沒有敵意），他們提出的問題大多數並不真誠。這些人通常對答案不感興趣，而是希望通過威嚇來取勝。對他們來說，提出難以回答的問題比聽一個深思熟慮的回答更容易。

由於強勢者如此積極，你也必須以積極的方式來應對他們，但無需粗魯。對一些基督徒來說，面對這樣的強大力量可能需要勇氣和毅力。然而，一旦你學會以下三個步驟，你會發現重新掌握話語權比你想像的要容易。

第一步：制止他

處理強勢者的第一步是溫和的。即使你可能因為惱人的行為而感到極度壓力，也不要以牙還牙，因為那會導致正面衝突。但也不要卑躬屈膝。威廉‧鄧伯斯基（William Dembski）曾與上帝智慧設計論的挑戰者多次交鋒，他說：「一旦你的對手嚇到你，並得知這一點，你就輸了。」[2]

相反，你的第一步應該是友好地要求禮貌態度。通過暫停討論來阻止對方打斷，簡要地請求在不被打斷的情況下繼續表達觀點。如果需要，可以使用一些肢體語言，稍微舉起手強調一下。

描述這一步比實際操作時間更長。只需舉起手，輕聲說：「抱歉，我還沒講完呢。」然後繼續。通常這就是你需要做的，以恢復對話的秩序。

如果強勢者特別好鬥，要保持冷靜並等待機會。如果他一開始不合作，不要試圖他爭論。當你得到一個空檔時，不要害怕要求足夠的時間。迅速達成非正式協議。你要求他給你一些東西：耐心和禮貌，以便你能夠給他一些東西：一個回答。以下是一些範例：

- 如果在你提出另一個問題之前，我花一些時間回答你的問題，你會同意嗎？我結束後，你會有機會回應，可以嗎？
- 這不是一個簡單的問題，我需要一些時間解釋。可以嗎？
- 讓我回應你的第一個挑戰。我結束以後，你可以再提出另一個。可以嗎？
- 這是一個好問題，值得好好回答，但那需要幾分鐘。這樣你同意嗎？

注意這裡的協商。你提出請求，他同意。對於更激進的強勢者，他們口頭上同意你的要求尤為重要（當然，如果對方對你提出的這些要求，回答都是否定的，你可以問他最初到底為什麼要提出這個問題）。

---

2. William Dembski，*Darwin's Nemesis,*（Downers Grove, IL: InterVarsity Press, 2006）102 頁。

要小心不要讓惱怒或敵意滲入你的語氣。這將是錯誤的一步，特別是對於這種類型的人。

> 不要讓強勢者影響你的情緒。攻擊性和好戰總是顯得很軟弱。相反，專注於問題本身而不是態度。平心靜氣地交談，盡量保持自信。

在回答另一個問題之前，務必充分回答前一個問題，但不要藉此不公平地佔用時間。表達你的觀點後，可以問：「你覺得這樣有道理嗎？」邀請他重新參與對話，對他展現禮貌，讓他在不被打斷的情況下回答。你不想成為另一個強勢者。

第一步對於那些以跳躍方式提出問題的善意強勢者尤其有效。保持友好，同時輕輕約束他們熱情的混亂。在他們將你拉到另一個話題之前，讓他們專注於一個觀點。

第二步：使他羞愧

如果強勢者違反了你們的協議，或者一開始就無法成功制止他、進行有秩序的對話，那就進入第二階段。這一步更具侵略性，需要一些勇氣，因為你將直接面對一個不禮貌的人的粗魯行為。在這一點上，使用他的名字可以緩和交流的氛圍。

> 名字有什麼特別之處？有很多。一個人的名字對他而言是親切的。在對話開始變得有敵意時，請記住這一點。一旦感受到緊張的氛圍，暫停，如果你還不知道對方的名字，詢問他。然後在對話繼續時，以友好的方式叫他的名字。這有助於緩和對話的張力。

　　你試圖阻止強勢者，但沒有成功。現在你希望通過使他感到羞愧來回應他的粗魯行為，但你希望做到有道德感。首先，忽略他提出的任何新挑戰，不要跟隨他的路線。其次，直接處理強勢者的問題。如果你無法找到機會開口，就讓他說。當他最終停下來時，看著他的眼睛，冷靜地說出類似以下的話：

- 我能請你幫個忙嗎？我很想回應你的疑慮，但你不停地打斷我。我能在沒有中斷的情況下有一點時間來說明我的觀點嗎？然後你可以告訴我你的想法。你覺得這樣可以嗎？
- 我能問你一個快速的問題嗎？你真的想要我的回應嗎？一開始我以為你想要，但當你繼續打斷我時，我有種感覺，你只是想要一個聽眾。如果是這樣，告訴我，我會聽的。但如果你想要答案，你就必須給我時間回應。所以你想讓我回應還是只是聽？在我們繼續之前，我需要知道。
- 這是我心裡的想法：你發表你的觀點，我會有禮貌地聽。當你講完後，輪到你對我有禮貌，不中斷我的回應。我想知道你覺得這樣可以嗎？如果不可以，這次對話就結束了。你覺得怎麼樣？

　　注意，我提供的每個例子都是越來越直接。你需要判斷哪一個在你面臨的情況下更合適。最後一個很尖銳。如果一開始就這樣，你可能會走火入魔。然而，對一些人來說，像這樣直接的方法是唯一能挽救對話的方法。只有在對方已經用盡了你的寬容時才使用。

　　記住，強勢者是強硬的對手，有時需要用同樣的強硬態度來

應對，但要搭配禮貌。如果你是一個隨和而溫和的人，這可能更困難，但除非你在這個階段變得堅定，否則你將一無所獲。

第二步應該有效。強勢者甚至可能感到羞愧並道歉。如果他這樣做，請優雅地接受這一姿態，然後回到最初的問題並處理它。說：「讓我們回到開頭。據我所知，你的挑戰是這樣的：（重複問題）現在，這是我想回應的方式。」

第二步甚至對最好戰的強勢者也會有效。不要傲慢或自鳴得意。保持專注，保持愉快，保持有禮貌，但要保持話語的主導權。如果這仍然不奏效，立即進入第三步。

第三步：離開他

首先，你制止他，然後讓他感到羞愧。如果這些方法都無效，你就離開他。當其他方法都失敗時，就讓事情過去，走開吧。如果這個強勢者不讓你回應，就禮貌地聽他講完，然後就算了。讓他滿足地說上最後一句話，然後拍拍腳上的塵土，繼續前進。智慧告訴我們不要浪費時間在這種人身上。

> 當我面對一個具有侵略性的挑戰者時，我經常讓他說最後一句話。這不僅是寬容的，而且表現了對自己觀點的深刻自信。與其爭奪最後的發言權，不如放手。清晰而簡潔地總結你的觀點，然後說：「我讓你說最後一句話吧。」但不要打破這個承諾，讓他說最後一句，然後就此結束。

最後的步驟基於一個簡單的洞察：並非每個人都值得回應。這一點可能聽起來有些奇怪。一般來說，一位基督大使總是準備

好，隨時發現傳福音的任何機會，不會逃避挑戰或機會。然而，有時最明智的舉動可能就是優雅地退出。

耶穌警告說：「不要把聖物給狗，也不要把你們的珍珠丟在豬面前。」（馬太福音7:6）他自己也遵從這個建議。耶穌在彼拉多面前保持緘默，「耶穌沒有回答」（約翰福音19:9）。有時，耶穌對那些企圖欺騙他的宗教領袖也是避重就輕的：「我也不告訴你們，我憑著什麼權柄做這些事。」（馬太福音21:27）

知道何時該退一步，需要分辨狗、豬、在尋找牧者的迷途羔羊的能力。但你怎麼知道有人已經超過底線了呢？何時我們有義務發言，何時應該把我們的珍珠留給另一個機會？

答案的一部分可以在〈馬太福音〉7章6節中找到：「牠們會轉過頭來咬你們……牠們會把珍珠踐踏在腳底下。」對真理應該慷慨，除非有人對所提供的寶貴禮物顯示極度蔑視。他將它踐踏在泥土中，然後惡意地轉向你。

如果你感覺到有人蓄勢待發、準備攻擊，也許是時候離開了。不要浪費時間在這樣的人身上。把你的精力留給更有成效的會面。你可以這樣說：

- 在我看來，這次對話沒有朝著有建設性的方向發展。我會讓你說最後一句話，然後我就可以走了。
- 我很難傳達我的觀點，所以我現在要結束了。謝謝你的分享。

當然，有時你會發現自己處於像耶利米（耶肋米亞）那樣的境地──即使被忽視，仍然忠於講述真理。但這種情況不是硬性規定。通常，智慧告訴我們要節省精力。

　　然而，有一個例外。我從我的廣播節目中學到，有時我的真正聽眾不是我正在交談的人，而是旁聽對話的人。

　　這情況發生得比你想像的要多，即使你不是廣播主持人。有時，對一顆頑石說的一句話會彈跳並觸及一顆柔軟的心。你甚至可能不知道有其他人在聽。多年後，你會發現聖靈為你的努力安排了不同的聽眾。這在我身上發生過很多次。李・斯特伯（Lee Strobel）稱之為「彈跳傳福音」（ricochet evangelism）。

　　處理強勢者的情況，很少是順利而舒適的經歷。當你遇到惡言相向時，不要將其視為個人攻擊。這不是針對你，而是針對基督。當你犯錯時，不要對過程感到沮喪。有時候，我也會措手不及。將其視為下一次經歷準備的學習經驗。

　　這個原則是什麼呢？充分利用你擁有的機會，然後相信聖靈會安排不同的見證夥伴。你盡力而為，然後讓上帝做祂的功。

─── // **本章學到的功課** // ───

　　在這一章中，我們發現有多種原因可能導致一個人拒絕我們深思熟慮的論點。合理的邏輯並不具魔法效力，對某些人來說，理性並不重要，還有其他障礙存在。

　　有時人們由於情感原因而抗拒。例如，與基督徒或教會的不良經驗，或來自家庭或文化的壓力，都可能使一個人對我們的呼籲視而不見。有些人可能因為偏見而猶豫。他們根本不考慮我們的訊息，因為他們的想法已經定型。最後，對於許多人來說，他們抗拒的最好解釋是單純叛逆。他們不想屈服於主的統治。

　　最後，我們學會了如何辨識和應對強勢者。強勢者以強烈的性格壓倒你，並且不斷打斷你。我建議三個步驟來應對強勢者並重新掌握對話的主導權。第一步，優雅而堅定地制止他的打斷，然後簡短地協商達成協議。第二步，經由直接請求禮貌態度來使他感到羞愧。第三步，離開。絕不要用粗魯回應強勢者的不禮貌。相反，讓他說最後一句話，然後冷靜地放手。

CHAPTER 15

---•---

面對學者權威的策略

如果你閱讀《時代雜誌》或《新聞周刊》，你可能會注意到一個趨勢。在復活節和聖誕節前夕，這些刊物通常會推出封面故事，探討基督教歷史上這兩個重要事件的背景。這些文章通常具有引人入勝的標題，如「耶穌的屍體到底發生了什麼」或「第一個聖誕不為人知的真相」。

通常，這些作者採用一種「學者揭露了你的牧師不希望你知道的事」的手法。他們引用學者們使用「科學」方法來揭露信徒所持有的錯誤觀念。

▶ 是告知，還是教育？

靠這些封面故事能賣出很多雜誌，但也讓許多基督徒感到沮

喪。有些人會想知道為什麼這些學術「事實」一直被隱瞞。其他人則不知該相信什麼，他們不想放棄自己的信仰，但也無法在良心上忽視這些看似學術共識的事實。

在這種情況下，我稱之為「面對學者權威」的策略就顯得非常有價值。它提供了一種評估權威性聲明是否正當的方法。這種策略基於「告知」和「教育」之間的區別。當一篇文章告訴你學者相信什麼時，你是被告知了；而當一篇文章告訴你他**為什麼**持有這個觀點時，你就被教育了。

這個區別之所以重要，是因為一個論點就像一座房子，它的屋頂（信仰）由牆壁（理由）支撐。你無法知道這些理由是否足夠支撐結論，除非你知道這些理由是什麼。如果你知道這些理由，就可以評估它們的強度。如果沒有這些理由，你無法判斷結論是否合理。

流行文章往往只是告知，而不是教育。因此，你無法評估學者的結論，只能相信他們的話。但學者可能是錯的，而且經常是錯的。他們的推理可能薄弱，他們的「事實」可能是錯誤的，他們的偏見可能扭曲他們的判斷。

▶ 相信之前先評估

要如何判斷一個權威是否受到其他影響呢？方法是：無論學者的學術資格如何，不要只滿足於他的意見，而是要求理由。這就是面對學者權威策略的關鍵。

這種策略可以保護你免受一種常見錯誤的侵害，即專家證詞謬誤。訴諸權威本無不妥，但必須以正確的方式進行。你必須問：「為什麼我應該相信這個人的意見？」有兩種方式來回答這

個問題。

　　首先，學者可能處於特殊位置，能夠瞭解事實。如果一個權威擁有特殊訊息來支持他的意見，那他應該能夠指出那些證據，以證明他是正確的。

　　有時，「權威」的意見可能超出他們的專業領域。當加州通過具爭議性的胚胎幹細胞研究計劃時，二十位諾貝爾獎得主支持這一措施，但只有四位列出姓名及其學科。我仔細查看了他們的評論。其中一位生物學和生理學教授向選民保證該措施是道德的；另一位癌症研究專家表示，這項立法將促進加州的經濟，並對醫療保健成本產生有益影響；一位阿茲海默症研究主任承諾會帶來新的就業機會和增加收入。

　　當我查閱這些評論和資格時，我想到：在生物學、化學或醫學領域獲得諾貝爾獎，並不會使一個人有資格在經濟學或倫理學上提供明智的建議。這些學者的呼籲未能切中要點，因為對胚胎幹細胞研究的主要反對意見是道德上的，而不是科學或經濟上的。

> 擁有二十位諾貝爾獎得主支持，可能讓選民印象深刻，但僅僅這個事實並不能使這件事合法。在我們信任他們的背書之前，需要更多的訊息。

　　即使學者在其專業領域發表意見，他們仍需以堅實的理由來贏得我們的信任。在法庭上，專家證人總是會受到交叉審訊。僅憑頭銜無法證明其證詞的可靠性；他必須說服陪審團其理由是充分的。作家諾曼・賈斯勒（Norm Geisler）表示：「對權威的所有訴求，最終都取決於權威者所擁有的證據。如果沒有證據支持他的立場，那他名字後的頭銜什麼都不是。」[1]

　　面對學者權威策略的提問「我為什麼要相信這個人的意見？」還有第二種回答方式。有時學者處於獨特的地位來做出判斷，這不僅涉及事實，還包括詮釋和專業評估。

　　在這種情況下，你會面臨另一個陷阱。學者的判斷可能會因潛在的哲學考量而扭曲，而這些考量未必是明顯的。注意宗教多元論者[2]約翰‧希克（John Hick）選擇性使用學術批評的方式：「希克似乎打算通過數學家的鼻子來決定重大的靈性問題……而沒有提醒讀者，許多這樣的學者預設了一個排除神介入世界之可能性的世界觀。」[3]

　　哲學家道格拉斯‧吉維特（Douglas Geivett）指出，有時一個人的結論是由其出發點預先決定的。如果一位學者在開始調查時堅信奇蹟是不可能發生的，那麼即使有壓倒性的證據支持這一點，他也很難得出超自然事件發生的結論。

▶ 科學的兩面性

　　每當你聽到有人抱怨「神的智慧設計論不是科學」，一種微妙的哲學詭計正在發揮作用。這種指控利用了科學的兩種不同定義之間的模糊性。

　　第一個定義是最為人熟知的。科學是一種方法論——利用觀察、實驗、測試等工具，讓研究者發現物理世界的事實。因此，

1. Norman Geisler 和 Ronald Brooks，《Come, Let Us Reason》（Grand Rapids:Baker, 1990 年），第 99 頁。

2. 在此意義上，多元論者是指一個人認為所有宗教都是同樣通往神的合理途徑。

3. Douglas Feivett，「A Particularist View」，收錄於《Four Views on Salvation in a Pluralistic World》，Dennis Okholm 和 Timothy Phillips 編（Grand Rapids: Zondervan, 1996 年），第 266-267 頁。

任何未基於正確方法論的觀點都不算科學觀點。

　　科學的第二個定義涉及哲學，具體來說是自然唯物主義的哲學。所有現象都必須以由自然法則統治的物質和能量來解釋。任何不符合第二個定義的觀點也不被視為科學。

　　因此，根據目前的標準，對自然世界的研究要符合科學的資格，有兩個要求。首先，必須使用正確的方法（科學方法）。其次，必須得出正確的答案（與世界的自然、物理、唯物主義觀點一致的答案）。通常，這兩個要求並不矛盾。好的方法能得出與受自然法則支配的物質運動一致的答案。

　　但有時，證據會指向不同的方向。例如，生命的起源和生物世界的驚人多樣性始終無法用自然主義的解釋來完全說明。相反，有力的證據指向了設計論。這對自然主義者來說是一個問題，他們利用這兩個定義之間的模糊性來「解決」。

　　「神的智慧設計論不是科學」的指控乍看之下似乎是針對方法論的。進化論是合格的科學，而智慧設計論不合格，這是因為達爾文主義者使用了正確的方法，而智慧設計論研究者則沒有。因此，智慧設計論被認為與占星術一樣，不是科學。

　　然而，這一說法大大扭曲了實際情況。首先，過去二十年湧現了大量數據，嚴重質疑了整個達爾文研究，儘管這些訊息被更大的學術界壓制。其次，智慧設計論研究者遵循與達爾文主義者相同的廣泛方法論，因此從這個意義上說，他們的工作並不比其他科學研究更不科學。對於自然主義者來說，真正的問題是，智慧設計論研究者從相同的科學證據中得出了不同的結論。

　　當科學方法的結果與唯物主義哲學的要求之間存在衝突時，哲學始終優先於發現。現代科學並不是根據證據來得出設計論不可行的結論，而是在檢視證據之前就先假設這一點。任何指向智

慧設計論的科學方法（科學的第一個定義）都被科學哲學（科學的第二個定義）視為「偽裝成科學的宗教」而被排除在外。

> 乍看之下，達爾文主義似乎是關於科學事實的。但當事實暗示智慧設計時，立即引用科學的第二個定義，將智慧設計標籤為非科學。

　　達爾文主義經典教科書的作者道格拉斯‧福特瑪（Douglas Futuyma）表示：「科學堅持物理和化學可以理解的物質與機械原因，而〈創世紀〉的字面解讀者卻引用了不可知的超自然力量。」[4]
　　然而，相信智慧設計論的人聲稱，至少從原則上來說，這些力量是可知的。考慮這個類比：當發現一具屍體時，一個公正的調查可能會顯示謀殺而非意外事故。如果屍體被子彈打穿，有可能死因不是自然原因造成的。同樣地，科學證據在原則上也可以表明有一位造物者，創造並非出於偶然。這不是信仰與證據的對立，而是證據與輿論的對立。
　　顯然，唯物主義的範式是最重要的，一切都必須為其存續而努力。哈佛基因學教授理察‧陸文頓（Richard Lewontin）對此坦率承認。在《紐約書評》（*New York Review of Books*）中，他驚人地承認了以下事實：

　　我們欣然接受那些違背常識的科學主張，這是理解科學與

---

4. 嚴格來說，沒有單一的「科學方法」──沒有一套所有科學家都遵循的特定研究活動。而是，科學採用各種工具，每個研究領域使用適合自己領域的科學程序。參見 J.P.Moreland，《*Christianity and the Nature of Science*》（Grand Rapids: Baker,1989 年），第 101 頁。

超自然之間真正角力的關鍵。我們支持科學，儘管其中一些建構明顯荒謬……儘管科學界對未經證實的故事寬容以待，因為我們有一種先入為主的對唯物主義的承諾。不是科學機構和方法迫使我們接受對現象世界的物質解釋，而是我們對物質原因的先驗堅持迫使我們創造一種調查機構和一套概念，這些概念產生物質解釋，無論多麼反直覺、無論對外行人多麼神秘。此外，這種唯物主義是絕對的，因為我們不能允許神蹟的腳步踏進門戶。[5]

　　陸文頓承認，科學的工具不是為了找到真相，而是為了產生在哲學上可接受的答案。他公開承認這場遊戲已經被操縱。
　　大多數持有這種偏見的人並不如此坦率。大多數人確信他們的信念基於科學事實，而非唯物主義哲學，甚至意識不到任何問題的存在。然而，他們通常會透過像「智慧設計論不是科學」或「智慧設計論是偽裝成科學的宗教」這樣的回應顯示出他們的手法。
　　這些評論總是引發提問：「到底是什麼使智慧設計論不合於科學？」或「為什麼在看到證據之前就拒絕智慧設計論？」無一例外地，這些學者將揭示出拒絕的真正原因：偏見，而非事實，因而任何形式的智慧設計都被認為是不正確的答案。

▶「歷史上」的耶穌

　　科學不是唯一被操縱的領域。在這一章的開頭，我提到這種

5. 理察·陸文頓（Richard Lewontin），《Billions and Billions of Demons》，《*New York Review of Books*》（1997.1.4）。

方法也被用於福音書。每當有人用科學的詞彙來描述他們對歷史的看法時，就意謂著唯物主義哲學支配著這一過程。

這一派的學者試圖區分「歷史上的耶穌」和「信仰中的耶穌」。他們假設兩者之間存在區別。為什麼要這樣區分呢？

在學術界，每個人都有一個出發點。許多學者的出發點對公眾來說並不明顯，但這對於理解和評估他們的結論至關重要。有關復活節的雜誌文章常指出大多數學者否定復活。但為什麼他們否定呢？仔細審查可以揭示他們的出發點。在唯物主義的宇宙觀中，復活是不可能的。因此，無論有任何證據，任何關於屍體在三天後走出墳墓的報導，都必定被視為多年後添加到記錄中的神話。

已故的羅伯特・芬克（Robert Funk）隸屬於一個被稱為「耶穌研討會」的自由聖經學者團體，他明確表示：「現在福音書被假定為一種記錄耶穌的敘述，被以下元素所裝飾：一是表達教會對其信仰的神話元素，二是經由合理的虛構來增強一世紀聽眾的福音故事。」

推理通常是這樣的：福音書含有捏造部分，因為它們記錄的事件與世界的科學（唯物主義）觀點不一致。因此，復活的描述必定是神話。此外，如果耶穌預測了他死後幾十年發生的事件（例如公元70年猶太聖殿的毀滅），這必定是事件發生後新增的，因為預言（一種奇蹟般的知識）是不可能的。由於這樣的神話需要時間發展，福音書必須是晚期編寫的，不可能是目擊者的報告。

注意出發點的重要性。當學者從自然主義出發時，一系列「事實」在任何真正的歷史分析開始之前就已經成形：復活是一種虛構；奇蹟是神話；聖經中沒有預言；福音書是在事件發生很久

以後由非目擊者編寫的。然而，這種從結論出發的做法是一種欺騙，因為這些結論沒有得到任何證明，一切僅僅是假設的。

使用面對學者權威的溝通策略——要求學者提供理由，而不僅僅是看他的資格——有助於我們找出事實和可能影響事實解釋的哲學。這使我們能夠自己評估學者的觀點，而不只是盲目地接受他的觀點。

記住，理由比人數更重要。如果推理是錯誤的——如果「事實」是虛假的或判斷受到哲學偏見的影響——即使大多數人持有相同的觀點也無關緊要，因為這種觀點仍然是有缺陷的。

▶ 並非所有偏見都一樣

指控基督徒有偏見可以嗎？當然可以，有時這樣的指控是合理的。每當有人在某個問題上已有立場，他的分析可能就不公平。

然而，僅僅因為某人在一個問題上有利益就假設他扭曲了事實，這是不公平的。不持中立態度的人仍然可以公正和客觀。如果你認為存在偏見，你必須透過仔細查看證據本身來證明。

例如，一個媽媽可能認為她的高中女兒很聰明。你可能會認為這種說法過於偏祖，因為她的媽媽有偏見。但如果這個學生的考試成績非常好，那麼她的媽媽也有一定的道理。顯然，並非所有形式的偏見都是扭曲的。

當一個基督徒處理科學和歷史等問題時，說他有偏見是公平的，因為他和其他人一樣，會對這個過程帶有某些假設。然而，基督徒的偏見並不像科學家或歷史學家受到唯物主義限制那樣影響他的結論。

目前科學的偏見在很多情況下扭曲了事實，因為它在研究開

始之前就不合理地排除了某些答案。即使證據指向了這個方向，許多科學家和歷史學家仍必須得出排除超自然因素的結論，因為他們的哲學要求如此。

　　有神論者不會受到這種束縛。他們相信自然法則，但也接受超自然干預的可能性。這兩者都與他們的世界觀一致。他們可以根據證據本身的價值進行判斷，而不受自動排除神介入的哲學的阻礙。

　　諷刺的是，基督徒的偏見擴大了基督徒的範疇，使他們更加開放，而不是更加封閉。他們有更大的機會發現真理，因為他們可以追隨證據的指引。這是一個關鍵的區別。偏見能使一個人開明嗎？在適當的情況下，絕對可以。

　　最終，問題不在於偏見，而在於扭曲。說因為福音書作者是基督徒，所以他們的證詞不可信，這是不合理的。同樣，一個非信仰者的結論也不應該因為他無信仰而被忽視。在這兩種情況下，我們都必須查看理由本身。這就是面對學者權威策略的核心所在。

// **本章學到的功課** //

　　面對學者權威的策略提供了一個工具，用於當某人援引學者觀點來反對我們的觀點時，它保護我們免受所謂的專家證詞謬誤的影響。

　　一方面來說，援引學者觀點是一種合理的表達方式，因為專家處於獨特的位置，能夠瞭解事實或作出判斷。另一方面，專家並不總是正確的，因此要警惕被誤用的學術觀點。

　　有時候，權威人士會在自己的專業範圍之外發表意見。他們有時候會犯錯，或者哲學偏見會扭曲他們的判斷。面對學者權威策略的關鍵在於超越學者的觀點，探究他觀點背後的原因。這是被告知和受教育之間的區別。

　　無論一個所謂的專家是提供事實還是判斷，都應該要求他提供解釋。他是如何得出結論的？具體事實是什麼？是否有任何偏見在扭曲評估？有了這些理由，你就能更好地判斷一個學者的結論是否合理。

　　不要被學術上的光環所迷惑。一個專家相信什麼並不像他為什麼相信它那樣重要。華麗的證書是不夠的，最重要的是理由，而不僅僅是意見。

CHAPTER 16

—•—

就事論事策略：
先掌握事實，再表達觀點

　　或許你聽過一部古早的電視警匪劇《警網》（*Dragnet*），其中有兩句台詞至今仍為人所知。第一句是「為了保護無辜者，名字已被修改」，第二句是「就事論事」，這是劇中偵探喬‧弗萊迪的標誌性要求，無論他問誰，他都會說：「我們就事論事。」

　　「就事論事」是一種簡單易行的策略，它不需要聰明或靈活的計巧，只需要兩件事。

　　第一個是要意識到，許多對基督教的質疑或挑戰都是基於錯誤的訊息，這些反對意見可以透過簡單的事實來克服。辯論節目主持人丹尼斯‧普雷格（Dennis Prager）告訴他的聽眾：「先說實話，然後發表意見。」他的觀點是：只有在基礎訊息正確時，意見才有效。錯誤信息會導致錯誤觀點。

第二個要求是你需要瞭解事實。如果你瞭解事實，你就能反駁反對意見。有時候即使你不知道正確答案，還是可以發現錯誤答案，但知道正確答案對使用「就事論事」策略是至關重要的，這些訊息通常只需要敲幾下鍵盤就能找到。

▶ 宗教殺人？

讓我舉個例子，說明一個關於基督教的普遍挑戰，它並非基於事實，但許多人卻相信它是真實的。這個挑戰大致如下：「宗教是世界上最大的邪惡源泉。以神之名發動的戰爭最多，流的血最多，比任何其他原因都要多。」

這個神話可能是關於宗教最廣為人信奉的都市傳說之一。無神論者克里斯多福・希鈞斯（Christopher Hitchens）在他的著作《上帝沒什麼了不起：揭露宗教中的邪惡力量》（*God Is Not Great: How Religion Poisons Everything*）中對有神論進行了猛烈攻擊[1]。同為無神論者的山姆・哈里斯（Sam Harris）在《信仰的終結：宗教、恐怖主義及理性的未來》（*The End of Faith: Religion, Terror, and the Future of Reason*）中也利用了同樣的虛構事實。他寫道，宗教信仰是「我們歷史上最主要的暴力來源[2]」。

現在，有人可能會指出，就算這些說法屬實，從這些數據中可以得出什麼有關宗教的結論也不清楚。僅憑人類以神或基督之名犯下的暴力行為，無法合理地得出上帝不存在、耶穌不是救世主或聖經不可靠的結論。

---

1. Christopher Hitchens, *God Is Not Great: How Religion Poisons Everything*(New York: Twelve, 2007)
2. Sam Harris, *The End of Faith: Religion, Terror, and the Future of Reason* (New York: Norton, 2004), 27.

壓迫和混亂不是基督徒的宗教職責，也不是對耶穌教義的合理應用，以基督之名犯下的暴力行為不能歸咎於祂。這種行為或許能反映出人性的某些問題，但不能解釋上帝或福音的真義。

因此，這項控訴存在邏輯問題——它並未否定任何特定宗教的任何特定主張，尤其是基督教——但更大的問題是，這種指責根本不屬實。儘管將宗教描繪成充滿獵巫、十字軍東征和聖戰的嗜血團體很容易，但事實卻展現了另一幅圖景：在歷史上，宗教引發的戰爭和流血並不比其他事物多。

在他們的三部曲巨著《戰爭百科全書》（*Encyclopedia of Wars*）中，研究者查爾斯・菲利普（Charles Phillips）和艾倫・阿克塞羅（Alan Axelrod）指出，在過去五千年中，他們記錄的1763場戰爭中，僅有123場（不到7%）是由宗教動機引起的[3]。而在歷史上兩場最大的軍事衝突（造成1650萬人死亡的第一次世界大戰和喪生6000至8000萬人的第二次世界大戰）當中，宗教都沒有扮演任何角色。

歷史事實顯示，比起追求上帝，否認上帝導致了更大的邪惡。僅在二十世紀，丹尼斯・普拉格（Dennis Prager）指出：「更多無辜的人被世俗意識形態——納粹主義和共產主義——殺害、折磨和奴役，比歷史上任何宗教造成的都更多。」[4]

翻開一本較早的《金氏世界紀錄大全》（*Guinness Book of*

3. Charles Phillips and Alan Axelrod, *Encyclopedia of Wars* (New York: Facts on File, 2005), 見於 Vox Day, *The Irrational Atheist* (Dallas: BenBella, 2008), 103–4.
4. Dennis Prager, Ultimate Issues (July–September 1989).

World Records）並瀏覽「司法」類別下的「犯罪：大規模屠殺」，你會發現造成無法想像的大屠殺不是來自宗教，而是來自制度化的無神論：在列寧、史達林和赫魯雪夫的共產主義領導下，超過6600萬蘇聯人被消滅；自1949年以來，在共產主義政權下，中國、柬埔寨、高棉有數千萬人被殺害[5]。

> 最大的邪惡並不是來自熱心於上帝的人，而是來自那些堅信自己不需要向神負責的人。

高死亡人數與無神論極權主義之間的相關性並非偶然。我推測哈里斯先生晚上會把門鎖上，但這不是因為他擔心附近的虔誠信徒。那些在乎上帝想法的人通常會控制自己的行為，因為他們相信上帝在看著他們。而無神論者則沒有這樣的擔憂，因此掌握重要權力的無神論者也不受這種約束。

我當然不是在暗示所有無神論者都會推崇種族滅絕，大多數人都反對這種行為。不過，我想說的是，特定世界觀和其邏輯產生的行為之間存在著自然的關聯。無神論並不主張種族滅絕，但這種世界觀卻容許這種行為。無神論本身並不包含禁止這種行為的道德原則，正是因為無神論本身並不存在任何道德原則。

具有諷刺意味的是，在警告宗教信仰的風險時，山姆・哈里斯同時提出了我的兩個觀點：一、危險思想和危險行為之間存在著關聯；二，無神論的危險思想很容易導致致命的迫害。請聽他說：「信仰與行為之間的聯繫大大提高了風險（第一點）。有些

5. Donald McFarlan, ed., Guinness Book of Records 1992 (New York: Facts on File, 1991), 92.

倡議是如此危險，以至於殺死相信這些倡議的人可能是合乎道德的（第二點）……事實上，與某些人是無法交談的。如果無法抓住他們（往往抓不住），否則，寬容的人可能有理由因為自衛而殺死他們。」[6]

有些人僅僅因為宗教信仰就把殺人當作自衛行為？你明白我的意思了吧[7]。雖然希欽斯將他關於宗教暴力的章節命名為「宗教殺人」，但一個簡單的事實是，非宗教也會殺人，而且更頻繁、更有效率，人數更多。

▶ 精確陳述的說服力

我希望你注意到我在先前例子中引用的一些事實。這些事實是我能夠做到最精確的，但不會讓人感到繁瑣。我提供了具體細節，包括確切的數字和清晰的日期。精確是「就事論事」策略的重要元素，因為有一個基本的說服原則：在為自己辯護時，精確的主張總是比概括的主張更有說服力。

雖然你的記憶力可能不總是能做到（我的當然也不行），但盡量在能做到的時候使用具體訊息而不是一般性的資料。當你以精確的事實交流時，你讓聽眾相信你知道自己在談論什麼。例如，說「在九一一恐怖襲擊中有成千上萬人死亡」就不如「在2001年9月11日，2977個人死於世界貿易中心和五角大樓的瓦礫

---

6. Harris, The End of Faith, 52–53.

7. 為了強調這一點，請注意哈里斯的觀點，即宗教是如此糟糕，以至於應該像奴隸制度一樣被根除：「我會是第一個承認，在我們這個時代根除宗教的前景似乎不甚樂觀。而同樣的話也可以放在十八世紀末期對消除奴隸制度的努力。」Sam Harris,《Letter to a Christian Nation》（New York: Knopf, 2006），87 頁。

下，並被埋葬在賓夕法尼亞州的田野中」那樣令人信服。每一個精確的描述（2977這個數字、2001年9月11日這個日期、襲擊的地點）都為你的事實增添了力量。雖然說出來可能需要更長的時間，但通過適當的表達方式，這將更加引人注目。

這種準確性可以是一個強大的說服工具。我曾經在舊金山的自由聯邦俱樂部與普立茲獎得主、歷史學家加里·威爾士（Garry Wills）進行過一次對話，這場對話被錄製下來，供全國廣播公司（NPR）播放。在他關於「美國的基督教」主題的開場發言中，威爾士教授質疑美國的開國元勳是基督徒的想法，聲稱他們不是基督徒，而是自然神論者。

然後麥克風轉到了我這裡。幸運的是，我手邊有具體的細節來支持我的觀點。我解釋說：「『開國元勳』是一個專有名詞，指的是一個特定的群體：憲法大會的代表們。還有其他重要人物未參加，但這五十五個人構成了核心。」我從記憶中引用了以下事實，這是公開記錄的事實：代表中有二十八位聖公會教徒、八位長老會教徒、七位自治會教徒、兩位路德會教徒、兩位荷蘭改革宗教徒、兩位循道宗教徒、兩位天主教徒、一位不詳，只有三位自然神論者——威廉森（Williamson）、威爾遜（Wilson）和富蘭克林（Franklin）。在這次大會舉行的年代，教會資格是需要服從「嚴格教義信仰」的。

這一統計數字證明，美國最具影響力、形塑國家政治基礎的憲法大會的五十五名成員中，有五十一名、幾乎93%是基督徒，而不是自然神論者[8]。

---

8. 我不會對任何特定個人的教義純潔性作出任何指稱，因為個人的信仰差異很大，就像現在一樣。我只是指出，大多數創始人公開支持的宗教觀點，那不是自然神教。另，當時雖然有55人出席，但只有39人簽署了該文件。

> 幾乎所有參與美國開國事業的人都是新教徒，用今天的
> 術語來說，就是福音派、甚至基本教義派的新教徒。

當我講完後，我放下了麥克風，等待博學的對手反駁我。
但他什麼也沒說。一段時間的尷尬沉默後，主持人轉移到了一個
新的話題上。威爾士博士所說的事實是錯誤的。我的不僅是正確
的，而且是精確的，這為我的反駁增添了巨大的說服力。

▶ 兩步驟計劃

對基督教的挑戰因事實有誤而失敗，這一開始可能很難發
現，特別是如果你對相關問題不熟悉的話。不過，如果你有一系
列步驟來指導你的行動，這個任務就會容易得多。對於「就事論
事」策略，無論是進行對話還是分析書籍或文章，我都使用相同
的兩步驟計劃。

首先是問：「主張是什麼？」這看起來是一個顯而易見的第
一步，但你會驚訝地發現，我們經常在沒有明確目標的情況下急
忙前進。花點時間來分辨出正在提出的具體觀點（你的第一個可
倫坡問題在這裡會有幫助）。如果需要，以明確的語言寫下來。
有時候對方的主張是清晰的，但並不總是如此，有時是隱藏在修
辭和語言操縱之下。謹慎關注，準確地理解對方在主張什麼。

例如，大學報上的一篇文章聲稱，除非反對墮胎的人願意照
顧那些因危機懷孕而生下來的孩子，否則他們就沒有反對墮胎的
權力。請注意，作者在這裡提出了兩個主張。

第一個是明顯的道德觀點，這很容易反駁。在我對這篇論文

的書面回應中，我指出，因為一個人反對殺害無辜的孩子，他就有義務照顧那些倖存下來的孩子，這是不合理的。想像一下有人說：「除非你願意娶她，否則你無權阻止我打我的妻子。」顯然，罪犯不能因為其他人不願意接替他而擺脫責任。第二個主張是：反對墮胎者沒有為生下孩子的孕婦做任何事情。因此，這位學生覺得有理由批評反對墮胎運動。

這將我們帶到計劃的第二步。一旦主張清楚了，要問：「這個主張在事實上是否準確？」有時回答這個問題需要一些調查。

簡單的上網查詢顯示，當時美國和國際上有大約四千個反墮胎的服務機構，致力於為危機懷孕而仍決定生下小孩的婦女們提供幫助。他們提供醫療援助、住房、嬰兒服、嬰兒床、食物、協助領養，甚至墮胎後的輔導服務——全部都是免費的。令人驚訝的是，美國的危機懷孕中心比墮胎診所還要多。快速瀏覽當地的電話簿顯示，在該大學所在城市就有十個這樣的中心。在我的回應中，我指出了每一個細節，以表明這位學生除了在推理上有缺陷之外，他的反對論點也沒有任何事實依據。

▶ 破解「達文西密碼」

幾年前，暢銷小說《達文西密碼》（The Da Vinci Code）對基督教和聖經提出的廣泛批評引起了公眾的轟動，給基督徒帶來了極大的困擾。當我評估這些歷史性主張時，我遵循了我的兩步驟計劃。

首先，我釐清主張。大多數情況下，作者丹・布朗（Dan Brown）清晰地陳述他的主張，使這一步變得簡單。以下是他的一些主張：

- 在前三個世紀，基督徒和異教徒之間的戰爭將羅馬一分為二。
- 聲稱耶穌是上帝之子的教義在公元325年尼西亞會議上因政治原因而虛構出來，並經由一次正反意見接近的投票確認。
- 君士坦丁安排人去收集和摧毀了所有將耶穌描繪為凡人的福音書。
- 1950年代在昆蘭（Qumran）附近的洞穴發現的死海古卷證實了這個虛構。
- 數千名耶穌的追隨者為其寫下生平的記錄，這些記錄經歷了無數次的翻譯、添加和修訂。歷史從未有過一個明確的版本[9]。

現在我有了具體的內容來評估，工作變得輕鬆許多。第一個挑戰很簡單，即使只對這段歷史進行粗略的分析，也可以發現沒有基督徒和異教徒之間的戰爭，而且原因十分明顯，因為耶穌的追隨者既沒有軍隊，也沒有抵抗的意願；反之，他們認為為基督殉道是一種榮幸。即使面對像戴克里先（Diocletian）這樣的暴虐者，這位在君士坦丁之前二十年殺害了成千上萬基督徒的人，他們也不與之作戰。

尼西亞會議並不是一個默默無聞的歷史事件。我們有大量記錄，是真正在場的人，包括該撒利亞地區主教優西比烏（Eusebius）和東方四大聖師之首亞他那修（Athanasius）共同寫下的。在這些紀錄中，有兩件事與布朗的主張相關。首先，在尼西亞會議上，沒有人認為耶穌只是一個凡人，甚至連抱持異端

---

9. Dan Brown, *The Da Vinci Code* (New York: Doubleday, 2003), 231–34.

觀點的亞流（Arius）也不這麼認為。會議中的每個人都相信耶穌是上帝之子，他們只在這個頭銜的含義上存在分歧。因此，基督的神性問題是召開會議的原因，而不是結果。

在一場激烈的辯論之後，最終投票的票數也不是接近的，而是壓倒性的。在318名主教中，只有兩名埃及人（提奧納斯和塞庫敦德斯）拒絕同意[10]。會議肯定了從一開始就傳遞的信息：耶穌並非凡夫俗子，而是上帝之子。

至於著名的死海古卷，布朗搞錯了準確的日期，那還可以理解（第一批古卷是在40年代而不是50年代發現的）。但他另一個失誤則不可原諒：死海古卷沒有任何涉及耶穌的內容，在昆蘭沒有福音書，沒有任何一個片段提到他的名字。布朗的主張完全是杜撰的。

至於他的其他主張，我想告訴你一個小秘密。要回答第二個問題「這個主張在事實上是否準確？」並不總是需要調查。我之前提到，有時即使你不知道正確的答案，也可以發現答案是錯誤的。以下是方法。

在開始任何研究之前，首先要問自己：「這個主張乍看之下是否有可疑或不太可能的地方？」例如，在《達文西密碼》開頭，丹・布朗聲稱在十五世紀前後的三百年間，天主教會在歐洲燒死了五百萬女巫。我對這個「事實」立即感到懷疑，所以我用計算器算了一下。這意味著羅馬每天要燒四十五名女性，且要連續三百年不停歇。這需要大量的柴火。

此外，網路搜索顯示當時的歐洲人口約為5000萬。如果一半

---

10. Philip Schaff, *History of the Christian Church,* vol. 3 (Grand Rapids: Eerdmans, 1994), 623, 629.

是女性（2500萬），其中一半是成年人（1250萬），那麼成年女性中大約有40%死於梵蒂岡之手。這比1347年的黑死病造成的死亡人數還要多，後者只造成三分之一的人口死亡。這顯然極不可能。

許多丹‧布朗的其他主張也可以用同樣的方法迅速推翻。

- 如果基督的神性是君士坦丁發明的概念，而基督的追隨者不認同，他們認為基督只是一個普通人，那如何解釋尼西亞會議「正反意見投票接近」的結果呢？
- 如果耶穌的早期記錄因「無數次的翻譯、增補和修訂」而損壞，並且「歷史從來沒有一個明確的版本」，那布朗從何處得到關於耶穌的可靠、真實、無可置疑的傳記資料？
- 如果這些記錄的大部分都被銷毀了，布朗如何知道成千上萬的耶穌追隨者寫下了他的生平呢？這是陰謀論者面臨的典型問題。如果所有的證據都被銷毀了，他們怎麼知道這些證據一開始就存在？
- 君士坦丁怎麼可能在四世紀從羅馬帝國各個角落收集到所有的手抄本，並銷毀了其中大部分？

每當你花時間問自己這些主張是否看似可疑或不合情理時，這些問題就會顯而易見。當然，有時不太可能的事情最終可能是真的。不過，在這種情況下，證據必須清晰而有說服力。通常這個方法可以節省你一些調查的時間。

無論當下最暢銷的基督教批評書籍是什麼，都可以使用這兩個步驟來評估其主張。

墮胎和謀殺

　　這裡有另一個可以通過簡單訴求事實來克服的挑戰。一些人譴責我們使用「謀殺」一詞來描述墮胎，但至少在一個方面，這個用詞與美國近三分之二州的法律是一致的。例如，加州法令第187條中，謀殺的定義為「謀殺是指有預謀地非法殺害人類或胎兒」。在這個定義之後，我們發現了一個例外情況：「本條款不適用於任何導致胎兒死亡的行為，如果……該行為是由胎兒的母親請求、協助、教唆或同意的。」

　　加州法令中的這個例外令人不安。所有謀殺法案背後的道德原則是，人類有天生的價值，這種價值不是來自外部，而是內部與生俱來的。因此，毀滅一個人是最嚴重的罪行。如果未出生的人類具有天生價值，使他們符合謀殺法案的保護範圍，那為什麼外在因素（比如母親的選擇）會更重要？母親的同意如何改變她體內小人類的天生價值？

> 像加州的胎兒謀殺法案這樣的法律很奇怪，因為合法墮胎和可懲罰的謀殺之間，唯一的區別是母親的同意。

　　無論如何回答這個問題，有兩個事實始終存在。首先，在加州，墮胎是合法的。其次，除了特定的例外情況之外，殺害未出生的人屬於謀殺，會因謀殺罪而受到起訴。因此，反墮胎者使用「謀殺」一詞來描述墮胎，並不是極端行為。它在修辭上可能不總是明智，但它並不算不準確。它與美國大多數州的法規的基本原理相符：未出生的孩子與我們其他人一樣，都是有價值的人類，應該受到同樣的保護。問題不在於反墮胎者的「修辭」，而在於

不一致的法律。

▶破解對聖經的斷章取義

　　經由訴求事實來解決挑戰，在聖經問題上同樣有效。這裡有一個例子。有人問我為什麼上帝在十誡中禁止殺人，但在猶太人攻取迦南時卻命令殺人。這聽起來好像很矛盾。

　　這個「矛盾」可以通過指出一個簡單事實來解決。第六誡並沒有寫「不可殺人」，而是寫「不可謀殺」（出埃及記／出谷紀20:13）。在希伯來語中有不同的詞，這是有充分原因的。在正當的殺人（例如自衛殺人）和不正當的殺人（謀殺）之間有道德上的區別。上帝禁止的是後者，而不是前者。聖經事實表明沒有矛盾。

　　在我與新時代作家狄帕克・喬布拉的辯論中，他對新約聖經做了一個不尋常的聲明。他聲稱，自公元313年以來，「英王詹姆斯版本」是聖經的第十八或第十九次編修。我認為，這一評論反映了許多人的想法，即新約聖經經過了一系列翻譯和重譯（也就是「編修」），才最終形成了我們今天看到的版本。

　　只需要簡單地訴諸事實，我就足以解決喬布拉的挑戰。所有當前的英文聖經譯本都是從原始語言（希臘語）直接翻譯成英文。從原始希臘語到我們今天的英文版本，在語言上只有一步，並非多次編修。

　　這裡有另一個「就事論事」的例子，用於解釋一段被普遍誤解的經文「不要評斷人，免得你們被評斷」（馬太福音7:1）。這是每個人都知道的一段經文，常常被引用，即使引用的人在其他問題上對聖經所說的不那麼贊同也還是會引用。然而，大多數人卻

沒有注意到耶穌在這個命令中做了限定：「你為什麼只看見弟兄眼中的木屑，卻不管自己眼中的大梁呢？……你這偽善的人，先把自己眼中的大梁移去，才能看得清楚怎樣把弟兄眼中的木屑挑出來。」（馬太福音 7:3, 5）

更深入審視上下文的事實就會發現，耶穌並不譴責所有的評斷，他譴責的只是偽善的評斷——傲慢的譴責，帶有輕蔑和居高臨下。並非所有的評斷都屬於這種情況，所以並非所有的評斷都受到耶穌譴責。在這段經文中，耶穌鼓勵人們在去除偽善的評斷之後，進行另一種評斷：「先把自己眼中的大梁移去，才能看得清楚怎樣把弟兄眼中的木屑挑出來。」

有另外兩種評斷，是聖經中命令的。

第一種是具有司法性質的評斷，只有在適當的權威下進行才是合適的。法官負責審判，這是他們的職責。教會紀律也屬於這類判斷[11]。保羅明確命令我們要評斷信徒，因為上帝將在祂的時間裡審判世界（哥林多前書 5:12-13）。耶穌最初來到世上並不是為了進行這種審判——祂帶來的是憐憫，而不是公義——但祂肯定會以這種審判回歸，因為這是父親賦予祂的任務[12]。

第二種是對事物性質的評斷，也就是對是或非、智慧或愚蠢、準確或不準確、理性或非理性的評斷，這也是被命令的。耶穌在同一段經文中的指示「不要把神聖的東西丟給狗」（馬太福音 7:6）就需要這種評斷（什麼是神聖的東西？誰是狗？）。彼得提醒我們要「思想清楚」，因為「萬事的終局就要到了」（彼得前書 4:7）。

---

11. 馬太福音 18 章 15-20 節、加拉太書 6 章 1 節。
12. 約翰福音 3 章 17 節、12 章 47 節、 5 章 22、27 節，使徒行傳 10 章 42 節、17 章 31 節。

　　有些評斷是道德上的。保羅在某些情況下命令這種評斷：
「不可做別人在黑暗中所做那些無益的事，反而要把這種事揭發
出來。」（以弗所／厄弗所書5:11）耶穌說要根據「公義」的標準
來做這樣的評斷，而不是根據「外表」（約翰福音7:24）。他批評
猶太人在這方面的失敗：「你們為什麼不自己判斷什麼是合宜的
事？」（路加福音12:57）

　　司法行為、事實評估和虛偽的譴責——這些都是評斷。只有
第三種被耶穌否定。前兩者在適當的場合是美德，因此受到聖經
的命令要求。這就是聖經的事實。

// 本章學到的功課 //

正如你所看到的，許多挑戰基督教的人基於不正確的資訊或錯誤提出他們的論點。他們只是搞錯了事實。你可以使用「就事論事」的策略來判斷是否存在這種情況。在本章中，我們學會了如何應用這種策略的兩步驟方法。

每當有人基於事實性主張（例如：「因宗教所流的血比其他任何事情都多」或「美國的開國元勳們是自然神論者」）挑戰你的觀點時，首先問自己：「對方的具體主張是什麼？」這兩個例子的主張是明顯的，但有時主張是隱藏的。要將具體的觀點與其他修辭分開，並確保你清楚對方的主張是什麼。這一步與可倫坡策略的第一步相同。

接下來，問自己這些主張是否準確。找出錯誤的方法有兩種，網路是進行快速研究最方便的地方[13]。一旦你弄清具體的主張，驗證往往只是敲幾下鍵盤的距離。你也可以求助於參考書籍或消息靈通的朋友。

然而，在開始調查之前，透過問另一個問題可能會節省一些時間：「這個主張乍看之下是否有什麼不太可能或不太合理的地方？」如果一位牙醫聲稱他在二十年的職業生涯中填補了五十萬顆蛀牙，你就知道他弄錯了。只要做簡單的算術就好。

現在，掌握了事實，你將準備好解決對方的質疑。請記住，在辯論中引用事實時，精確的事實總比概括的事實

---

13. 網站 *www.str.org* 是一個很好的起點。

更有說服力。

　　批判性地聆聽和閱讀，反思這些主張，並查看背景信息。先陳述事實，然後表達你的觀點。像偵探喬・弗萊迪一樣，總是說：「我們就事論事。」

CHAPTER 17

—— • ——

由內而外策略：
傾聽靈魂的渴望

多年前，我在加州大學柏克萊分校為滿座的觀眾進行了一場演講。透過指出我們每天遇到、但根本上違反真正深刻道德的現象，我提出了反對道德相對主義的觀點。

我向觀眾解釋，這一發現能很好地解釋我們每個人都會感到罪惡感的現象。我問道：「我們為什麼都有罪惡感？」然後補充說：「也許罪惡感只是一種文化，但還有另一種可能性。也許我們感到罪惡感是因為我們有罪。這種可能性是否存在？」

你可能認為這是一個大膽的舉動，但對我來說毫無風險。我已多次向不同觀眾提出這個問題，從沒有人中斷我並告訴我我錯了。也沒有人說他們從未有過罪惡感，他們自己非常清楚這一

點。更重要的是，對這種策略，我知道得更清楚。

即使在那天晚上之前我從未見過他們中的任何一個人，但我知道他們每個人的內心都有一些真實的東西，他們無法隱藏，他們也知道這一點。

「由內而外」與其說是一種具體的策略，不如說是一種心態、一種洞察力，幫助你在對話中自信、有創意地應對。從某種意義上說，你掌握著他人的內線消息，只要你注意，他們最終會承認，有時甚至是不知不覺地承認。

一個完美的例子來自無神論的辯護者理查‧道金斯。根據他的自然主義世界觀，道德只是進化論的相對主義手段，用來讓我們的自私基因進入下一代。僅此而已，「沒有設計，沒有目的，沒有邪惡，沒有善良，只有盲目、無情的冷漠[1]」在他的另一部作品中，他抨擊舊約聖經中的上帝是一個報復心重、嗜血、恐同、種族主義、種族滅絕、虐待狂、邪惡的霸凌者[2]。

你看到問題了嗎？這不是道金斯的自然主義在說話，而是他的常識道德現實主義在說話。他的抗議在他極簡的分子運動世界中毫無意義，卻與實際存在的世界——上帝的世界——完全一致[3]。

在這裡要注意的是，道金斯的內心有一些真實的東西（他知道的東西）在他不經意間不加防備地表現在外表上。當他在捍衛他的哲學立場時，他說的是謊話。當他放鬆警惕時，他的人性背叛了他，他不由自主地說出了真相。

為什麼會這樣？

---

1. Richard Dawkins, *River out of Eden* (New York: Basic, 1996), 133.
2. Richard Dawkins, *The God Delusion* (Boston: Houghton Mifflin, 2006), 31.
3. 我不是在暗示道金斯的具體抱怨是合理的，而是客觀主義的道德評斷完全適合於現實世界，而不是在他的假想現實中。

▶ 人的本質

「由內而外」策略是我從已故的法蘭西斯・薛佛那裡學到的見解，這幫助我在與他人談論基督時，可以更加自信地前行[4]。薛佛稱之為「人的本質」，這聽起來有點奇怪，但確實是一個值得深思的概念。

薛佛的洞察與這個問題息息相關：「身為人意味著什麼？」一個答案是自然主義的回應，這是目前支配科學界的世界觀。根據知名的「科學人」比爾・奈（Bill Nye）的說法，我們只是「塵埃上的一粒塵埃，在其他塵埃中繞行著另一粒塵埃[5]」。卡爾・薩根（Carl Sagan）則宣稱：「我們來自微生物和泥濘，發現自己處於無止盡的自由落體，迷失在一片巨大的黑暗中，沒有人派出搜索隊。」[6]

在沒有上帝的世界裡，他們是對的。人類只是天體機器的齒輪、宇宙垃圾、最終的意外產物，生活在無神論哲學家伯特蘭・羅素（Bertrand Russell）所描述的「普遍絕望的頑固基礎」上。這就是虛無主義，一無所有的虛無主義。

但在內心深處，沒有人真正相信這一點。所羅門（撒羅滿）說上帝把永恆放在我們心中（傳道書／訓道篇3:11），有一個更好、更準確的答案可以回答「身為人意味著什麼？」這個問題，而我們都知道這一點。

---

4. 你會注意到第 13 章〈掀開屋頂策略〉中描述薛佛的見解與支持「由內而外策略」的見解之間的重疊。
5. Bill Nye's June 5, 2010, Humanist of the Year Award acceptance speech in San Jose, California.
6. Carl Sagan, *Pale Blue Dot: A Vision of the Human Future in Space* (New York: Random House, 1994), 6, 51.

> 薛佛說「人與非人不同[7]」。人類是特殊、獨特的，在創
> 造的世界中與其他任何事物都不同，正如大衛所說的那
> 樣：「賜他榮耀尊貴為冠冕。」〈詩篇8:5〉這就是人的
> 本質。

　　我們生命的核心有一個標記，一個上帝的印記——不是外來
附加的，而是存於我們內在，是我們天生的一部分。這個標記是
我們之所以為人的核心。沒有這個標記，我們就不會是人，只是
生物。因為這個標記，我們不是猿類的親戚，而是神的親戚，因
為上帝為自己造了我們。

　　我希望你們能理解這個簡單陳述的重要性：「上帝照自己的
形像創造了人。」（創世記1:27）這是上帝故事開始時關於人類
的第一件事。這意味著，讀到這些話的每一個人——無論在這個
星球上的何時、何地生活過、死亡過、希望過、夢想過的每一個
人——他們的內心都有美好的東西，這種美好永遠不會失去，也
不能被剝奪。

　　我們不是神，但我們在一個重要的方面肖似神。我們內心
的上帝形像使墮胎成為殺人、使性行為成為罪、使奴隸制成為悲
劇。這就是為什麼我們不能像對待動物一樣對待彼此，也是某些
「不可剝奪」的權利獨屬於我們的原因，這也是我們與上帝之間友
誼的基礎。我們像祂，所以能夠以非同尋常的親密方式靠近祂。

　　從真正意義上說，你從來沒有遇到過一個普通人[8]。因為上帝

---

7. Francis Schaeffer, *He Is There and He Is Not Silent, in The Complete Works of Francis Schaeffer,* vol.1 (Wheaton, IL: Crossway, 1982), 278.
8. 我要感謝魯益師對此的洞察。

在我們靈魂深處的標記，每個人都是非凡的，這是任何缺陷（無論是身體上還是道德上的）都無法改變、任何情況都無法更動、任何小偷都無法偷走的。這是上帝賜給人類的永恆禮物，刻在我們生命中的祂的形像。

因此，我們的珍貴對祂而言無與倫比。耶穌說：「兩隻麻雀固然用一個銅錢就買得到，但是你們的天父若不許可，一隻也不會掉在地上。至於你們，連你們的頭髮也都數過了。所以，不要怕，你們比許多麻雀要貴重多了！」（馬太福音 10:29-31）

因為我們都生活在上帝的世界中，並且都是按照上帝的形像所造，所以所有人都知道一些深藏在他們心中的東西——關於我們的世界和我們自身的奧秘——儘管很多人否認它們，或者我們的世界觀否定它們。

保羅寫道：「關於他的事，人可以知道的，已經清清楚楚地擺在他們眼前，是上帝親自向他們顯明的。」（羅馬書 1:19）這些已經存於我們內在的東西，是上帝親自放置的，最終會顯現於外——在行動、語言、信念中。我們的人性是無法壓抑的。

這種知識在我們的屬靈對話中可以產生重大影響。這是我對由內而外的策略應用：我們內心都知道的深刻真理，最終都會顯現於外，你要做的只是聆聽。

有時，「由內而外」的因素會以不尋常的方式顯現出來。

▶ 兩個死亡事件

為什麼那麼多人對同樣的事件（一個生命的結束，一個人去世）有如此不同的反應？從無神論和唯物主義的角度來看，沒有人會在他們的生命終點之前死去。死亡就是死亡，它會在應該到

來的時候到來。根本沒有「適時」與否，因為沒有時間表，沒有應該如何的計劃。一切只是存在著。

> 在一個無神論的宇宙中，所有的意義都是我們自己創造的，那麼說某人英年早逝意味著什麼？這意味著人們內心深處知道，生命有著超越個人計劃的終極目標和深刻意義。儘管他們口頭上否認，但他們的言行暴露了他們。

如果你留意，還有許多類似的情況。人們為了方便而支持道德相對主義，卻對侵害世界的真正邪惡感到憤怒，並因自己參與其中而感到內疚。他們否認宇宙中的特意設計，但當他們被上帝創造的世界壯麗所震撼時，便會反射性地讚美大自然的奇蹟。他們否認天父，卻讚美大地母親。

理解這種「由內而外」的模式，為我們提供了一個強大的工具來促使人們思考。薛佛寫道：「我們首先讓人接受的真理不是經文的教條性陳述，而是外在世界的真理以及人類自身的真理。這顯示了人們的需要。然後，聖經向他們展示了他們迷失的真實本質和對它的答案。」[9]

這就是薛佛的洞察對我們有用的方式。聆聽人們的言談，當他們在不知不覺中承認現實時，留意他們哲學中的矛盾，然後利用這種緊張關係來提問。在一個沒有目的的世界裡，為什麼黛安娜王妃的死亡是一場悲劇？如果沒有終極、普遍的道德，什麼才是真正的邪惡？為什麼要說服某人不要自殺？如果生命沒有意

---

9. Francis Schaeffer, *The God Who Is There*, in *The Complete Works of Francis Schaeffer*, vol. 1 (Wheaton, IL: Crossway, 1982), 140–41.

義，那還有什麼有意義呢？

德蕾莎修女完成了她的使命，而黛安娜王妃卻沒有。這就是1997年夏末那些事件的勝利和悲劇。這僅僅因為存在著一個神聖的目的——有一個人類被設計出來的高尚目的，卻因為罪惡戛然而止。

這又是另一個內在真相流露到外在的例子。

▶ 父親的世界

有一件事一直讓我感到困惑，那就是地球日的慶祝活動。這些活動似乎建立在一個矛盾之上。地球日是自然主義者主要參與的節日，他們慶祝自然的終極性以及人類保護自然的獨特道德責任。

你看到了嗎？抓住這個矛盾點了嗎？

要理解這個矛盾，你必須先了解一個事實：世界觀是成套的，就像是由特定的拼圖組成，這些拼圖可以彼此嵌合。基礎觀念要麼與其他細節完美契合，要麼將之排除在外。

在自然主義的世界觀中，自然就是一切——物質運動受物理和化學定律嚴格控制。在這個理論框架中，沒有任何形式的道德義務，因為道德是基於自由選擇，而非基於物理決定論。

此外，達爾文主義是一個嚴格的唯物主義過程，它只產生嚴格的物質結果。任何基因突變和自然選擇的模式都無法產生非物質性的道德義務。因此，沒有任何生物有義務保護其他生物。蝗蟲盡情搜刮，不留任何給可憐的象鼻蟲；它們也不應該這麼做。讓最適應的生物勝利，這就是自然法則。

自然的「平衡」是由所有生物參與的生存企圖與角力來維持的，而不是由一個物種對另一個物種負責。在自然界中沒有道

德的等級，因為自然沒有資源去建立它們。因此，對自然主義者和達爾文主義者來說，認為某一種生物（包括人類）對任何其他生物（甚至是整個自然界）負有管理責任的觀念，是格格不入的。在無神論、自然主義的世界中，沒有任何事物能夠解釋人類對自然的義務。這就是矛盾之處。

正如我所說，這讓我困惑，也應該讓自然主義者感到困惑，但事實並非如此。我想這有一個原因。對他們來說，不管他們的基本世界觀如何，人類在本質上是不同的，這一點似乎顯而易見，這使我們有責任成為世界的管理者。當然，這不是他們使用的語言，但這就是推動地球日背後的直覺。

他們的這種直覺是正確的，但絕對不是因為自然主義。自然主義者當然可以隨意地談論人類的義務、意義、目的、價值和重要性，甚至人權，但在他們對現實的基本理解中，這一切應該都是無稽之談。

地球日團體的正確見解是：人類是獨特且特殊的，因為我們與自然界的其他事物不同，因此我們肩負著責任。我們都知道這一點，這就是為什麼即使在那些無法證明這一點的世界觀中，這個事實依然固執地存在。這是因為這個世界不是母親的世界，而是父親的世界。

這些都是我們都知道的事情。它們反映了我們對自己和我們所生活世界的最深刻的直覺。但若是基於自然主義，人類為什麼要對地球負有責任？這是我們必須問的問題，而揮舞進化論的魔杖並不是答案，正如我們已見到的。

> 卡爾・薩根說我們是猿類的表兄弟。當然，那是母親的評價。父親的說法不同：「上帝照自己的形像創造了人。」

再注意一件事。神對人類說：「要生養眾多，使你們的後代遍滿世界，控制大地。我要你們管理魚類、鳥類，和所有的動物。」（創世紀 1:28）這是地球日的準確見解。我們既是地球的主人，也是管家；既是地球的管理者，也是至高神的僕人。

▶ 破碎的世界

我想告訴你另一件每個人都知道的事情。有些事情出了嚴重的問題，我們稱之為邪惡的問題，這讓我們要問：「為什麼世界上有這麼多壞事？」不過這個問題還有一個細節，這也是每個人都知道的。

世界確實是破碎的。但我們也是破碎的，我們的破碎是世界出現問題的一個重要原因。世界之所以破碎，是因為我們是破碎的。儘管人擁有與生俱來的尊嚴，但他也是殘酷的。邪惡「在外面」，但也「在裡面」——在我們身上。

當然，事情並不是這樣開始的。在創世的終結，當上帝把一切都安排好後，我們發現了祂所做一切的總結：「上帝看他所創造的一切都很好。」（創世紀 1:31）

一切都照著應該的路走，正如上帝所想的那樣，一切都按照其目的運作，男人女人和世界一體，安心於與上帝的友誼。

由於我們的父母破碎了，我們每個人現在也像他們一樣破碎，因為他們生下了和他們一樣的孩子，而他們的孩子也繼續這樣，破碎的一代接著破碎的一代。每個人仍然是美好的，當然，上帝的形象不會被抹去，但它會被玷汙、損毀、破壞。這就是已經發生的事情。

說我們是破碎的，這說法雖然準確，但也容易被誤解，因為

這描述還不夠深入。我們不是故障的機器，也不是生病的軀體。我們是反叛的主體，是現在道德被腐蝕的叛徒。我們有罪，必須為此承擔責任。

同樣地，我們每個人內心深處都知道這一點。這是我在柏克萊演講中所強調「由內而外」的觀點。我們是「他人」，做著我們反對的那些壞事。在我們內心深處，對自己的劣行有著深切的認識，並產生了一種我們普遍認同感覺：罪惡感。如果我們對自己誠實，就會感受到我們破碎的痛苦現實。

> 沒有義人，連一個也沒有。
> 沒有明智的人，也沒有尋求上帝的人。
> 人人背離上帝，一齊走入歧途；
> 沒有行善的人，連一個也沒有。
>
> ——羅馬書 3 章 10-12 節

人類是美好的，但人類也是破碎的。在我們的道德墮落中，我們也是深深有罪的。我們深感內疚，我們欠了債，但不是欠一個標準、一個規則、一條法律，而是欠一個人——我們因不服從而冒犯的那一位。這可不是什麼好消息，因為我們的罪與愧疚會帶來嚴重的後果。

正義與赦免

每個人都渴望正義，特別是當我們受到不公平對待時。我們經常提到它，這再次顯示了內心需求的外在表現。然而，正義終究不會在此生完全實現，它會在來世得到滿足。

在聖經的末尾，我們找到了〈啟示錄〉（默示錄）第20章的一段黑暗經文，描述了我們所知歷史的最終事件：一場在廣闊平原上的重大審判。有罪的人站在法官面前，死亡之書被打開，每個人的道德生活都被公開展示，書中的記錄成為最終審判的依據。

在法官面前站著所有美好、破碎、有罪的人，每個人都被囚禁在罪中（加拉太／迦拉達書3:22）。每個人的口也都被封閉，每個聲音都沉默了，無法提出任何辯護或藉口（羅馬書3:19）。書中的記錄不言自明。

> 這正是薩根所説的「無止境的自由落體」，人類「迷失在黑暗中」。在這方面他是對的，因為我們都是有罪的，沒有法官有義務赦免。贖罪是必須的，欠的債必須償還。正義必須完美無瑕。

然而，還有另一件事。我沒有讓柏克萊的學生陷入絕望，被自身罪惡的重擔所壓倒——這是我們都肩負的罪，我們共同承擔的譴責。我告訴他們：「解決罪惡感的答案不是否認，那是相對主義在做的事。解決罪惡感的答案是寬恕。這就是耶穌介入的地方。」每次向聽眾表達這一觀點時，我的內心都深受感動。寬恕、憐憫、修復、恢復、重生、新生命和希望，這是我們每個靈魂都渴望的。

薩根說我們迷失是對的，但他說沒有人派出搜救隊卻錯了。顯然，人類需要拯救，而我們無法自救。幫助必須來自外部，來自我們之外，來自薩根封閉的宇宙之外，來自這個世界之外。

搜救隊已經抵達，拯救者已經來臨。基督來到世上，向上帝說：

你不要牲祭和供物；你已經為我預備了身體。

你不喜歡祭壇上的燒化祭，也不喜歡贖罪祭。

於是我說：「上帝啊，我來了，為要遵行你的旨意。

——希伯來書 10 章 5-7 節

因為我們的靈魂帶著上帝的形像，所以我們是美好的。然而，因為我們背叛了賦予我們美好的上帝，所以我們是破碎、有罪的，終而迷失。聖經告訴我們：「罪的代價是死亡。」（羅馬書 6:23）然而，在黑暗中有希望，因為它接著補充說：「但是上帝所賜的白白的恩典，讓我們在主基督耶穌的生命裡得到永恆的生命。」

他是呼喚我們的人：「來吧，所有勞苦、背負重擔的人都到我這裡來！我要使你們得安息……因為我的心柔和謙卑。這樣，你們就可以得到安息。」（馬太福音11:28-29）

▶ 我們不安的靈魂

對於人類靈魂的不安及其唯一適當的安息之處，希波的奧古斯丁有最著名的描述：「主啊，祢造了我們，我們為祢而活，我們心裡惶惶不安，直到在祢裡面找到安息。」他在《懺悔錄》中如此寫道。

我可以肯定地說，這種不安、渴求，以及難以言喻的想被充滿或修復的渴望，是人類普遍的苦惱，是一種無關乎我們的自然欲望的疾病，因為滿足我們的自然欲望永遠也無法滿足我們心靈的渴望。這種靈魂的痛楚可以因各種雜念而有所緩解，但永遠無法完全消除。

有關人類的兩個事實是我們無法逃脫渴望感的核心原因。第一個是，我們是破碎的，這點我們已經談過。第二個是，我們並不總是這樣，破碎也無法抹去我們先前的美好。

至於破碎，我們內心深處都知道這一點。我們每天都面臨著自己的失敗。此外，我們知道人類是從一個地方墜落的，法國數學家和宗教哲學家布萊茲・帕斯卡（Blaise Pascal）寫道：「這個渴望和這個無助還宣稱了什麼呢？不就是人曾擁有一種真正的幸福，而現在所有的一切都只剩下空洞的痕跡嗎？」[10]

> 我們知道，僅僅存在並不足夠。有些東西已經失去而必須替代。我們感受到一種「甜美的痛苦」，靈魂深處的原始記憶提醒著我們世界一開始的樣子——美好、奇妙、圓滿、完整。

我們生來就是為了追求更好的事物，我們努力奮鬥，努力攀登，回到高峰。這種奮鬥幾乎是每一部電影和每一個故事的核心。他們說，這是「人類精神的勝利」——上帝的形象從我們內在湧現而出，浮到表面、走向外在。但黑暗、虛無主義的故事則不然，那些謊言告訴我們：我們什麼都不是。

注意這兩個相互衝突的觀點——深植於我們人性深處的憧憬，以及源自無神論與虛無主義的相反觀點。無神論當然否認了罪惡，它必須這樣。沒有善，就沒有惡。它也否認了美，同樣，它必須這樣。如果沒有上帝，沒有祂引導的設計，只有生物的意外，物理部分沒有原因或目的地黏合在一起，變成一團宇宙垃

---

10. Blaise Pascal, Pensées VII (425).

坡。人在這樣的世界中無足輕重，其生命毫無意義。無神論再一次讓我們一無所有。

不，我們真正的渴望是一種無神論無法滿足的飢渴，一種無法消除的渴望。曾經的無神論者荷莉・奧德韋（Holly Ordway）看著自己的靈魂受到傷害，被一個不符合現實的信念腐蝕：「我的無神論像酸液一樣侵蝕著我的心……我無法解釋我的理性來源，也無法解釋我對真、善、美等存在的堅信。只有在我不去問那些真正艱難的問題時，我的世界觀才會讓我滿意。」[11]

奧德韋起初並不是因為DNA、不可化約的複雜性或宇宙中精細調整的常數而被吸引到上帝身邊。相反地，她在詩人濟慈、約翰・多恩（John Donne）和霍普金斯（Gerard Manley Hopkins）的作品中首次看到了上帝。透過美善，她被提醒了上帝的存在。

作為一個無神論者，她多年來一直在沮喪中苦苦掙扎，她感到渴望。「無論我如何宣稱自己在智識上得到了滿足……無神論……是一個可怕的居所。」她意識到：「這是我靈魂的寒冬。」

寒冬的解凍始於奧德韋成為一名新進大學教授時，她重新閱讀了英國文學的經典詩作，第一次意識到這些詩作中令人心醉的美麗，自然而然地流淌他們對世界（上帝的世界）的基督教觀點。「我感受到我讀的詩歌中有更深奧的東西。我能感受到詩歌字裡行間有力量在震動，一種充滿意義的電流，來自我無法觸及的某個源泉。」

在霍普金斯、濟慈和多恩所描繪的世界裡，超越性的美善是有意義的，渴望和飢渴能得到滿足，從墮落中升起也是可能的，是一個充滿希望的世界。在她內心，某些東西被觸動了：「我的

---

11. Holly Ordway, *Not God's Type* (Chicago: Moody, 2010), 27.

心隱藏在暗處,開始搖動⋯⋯希望,期盼那一天的來臨⋯⋯」(霍普金斯)

然而,這是現實的希望還是空洞的幻想?魯益師回答:「如果我發現自己有一種在這個世界的經驗無法滿足的渴望,最有可能的解釋是,我是為另一個世界而造的。」[12]

這另一個世界就是奧德韋渴望的世界。讓她能有意義地理解她所生活的真實世界。但她的發現也有黑暗的一面。

對美善、意義和希望的理解,也是對這世界的破碎的理解 —— 兩者在奧德韋的無神論中都是無法理解的。令她困擾的是:現實中真實存在的破碎也是道德和個人的。她寫道:「我認為自己是一個『好人』,但在我內心,我害怕以我的表面形象背後的真實自我接受審判。」[13] 她有罪,而她自己知道。

法國哲學家吉拉姆・比格農(Guillaume Bignon)在接觸到新約聖經中的耶穌時,發現他的自然主義無神論受到了挑戰[14],但十字架讓他感到困惑。當他研究耶穌生平的歷史記錄時,他一遍又一遍地問:「耶穌為什麼要死?」他覺得毫無道理。

然後發生了意想不到的事情。他告訴我:「上帝重新喚醒了我的良知。那並不是一個愉快的經驗。我被罪惡感折磨,不知如何是好。」突然他恍然大悟。「這就是為什麼耶穌必須死。因為我,因為我的罪。」他立即把自己的破碎交給了唯一能修復它的人,把所有的罪惡交給了唯一能原諒的人。當他這麼做時,「罪

---

12. C. S. Lewis, *Mere Christianity* (New York: Simon and Schuster, 1952), 106.

13. Ordway, *Not God's Type*, 51.

14. Guillaume Bignon, "How a French Atheist Becomes a Theologian: Inside My Own Revolution," *Christianity Today* (November 17, 2014), *www.christianitytoday. com/ct/2014/november/how-french-atheistbecomes-theologian.html.*

惡感就煙消雲散了。」

　　無神論無法做到這一點。它無法解釋人類的美好和奇妙，也無法對人類的破碎提供答案。它無法提供真實寬恕的安慰。只有基督宗教的上帝才能解決我們內心的危機。這是回家的道路。再次引用帕斯卡：「人試圖無望地用周圍的一切填滿這種渴望……然而沒有人能幫忙，因為這無限的深淵只能由一個無限和永恆不變的對象——換句話說，被上帝本身——填滿。」[15]

　　因為我們的靈魂承載著上帝的形象，我們是美好的。因為我們背叛了賜予我們美好的上帝，我們墮落、有罪、迷失了。我們為此呼喊。

　　在我收到朋友寄來的一張聖誕卡上，簡單地陳述了我們的救贖：「基督的降生……邀請我們相信，一個破碎世界的呼喊已經被聽到了，於是一位救主誕生了。」

　　有時候，巧妙的論據會讓你躲避。這時，一句真理的簡單宣言可能就是你所需的一切。「到我這裡來……」就是向飢餓的人提供食物，向口渴的人提供飲料。它觸動存在主義者的神經，觸動每一個以上帝形象創造的墮落人類內心深處的深切渴望。

　　在交談中你仔細聆聽，聆聽一個人的「人的本質」發聲。在他們講出真相時（他們最終必須如此），把它指出來。我在柏克萊大學的聽眾面前提出的問題就是「由內而外」策略的直接應用。我充滿信心地向那些學生們發問，因為我知道，即使一個人可以逃避上帝，他也無法逃避自己。

---

15. Pascal, *Pensées* VII (425)

─── // **本章學到的功課** // ───

　　由內而外的策略不僅僅是一種特定的操作技巧,更是一種洞察「人類本質」的方式,幫助我們在對話中前進。法蘭西斯·薛佛寫道:「人與非人不同。」我們不是在星際塵埃中迷失的微不足道的小點,而是獨特而奇妙的生物,承載著上帝的印記。

　　這個事實是每個人內心都知道的真理,它指導著其他真理,最終以言語、行動或態度的形式展現於外。這些真理包括深刻認識到人類具有深遠的價值,人類被設計出來是為了一個寶貴的目的,我們既美好又破碎,但也是有罪的,我們不安的靈魂渴望得到救贖。

　　我們的工作是傾聽,當一個人說出了任何關於「人的本質」的發言時,留意他的語言或反應在何時說出了真相,即使他的世界觀說的是謊言。然後,溫和、善意、寬容地詢問他相關的問題。

CHAPTER 18

———•———

微型策略：使溝通更有效率的五種小技巧

多年來，我總結出一些小技巧，可以幫助你更順利地與他人對話，就像它們幫助我一樣。我把它們稱為「微型策略」，因為這些概念相對簡單，需要時可以輕鬆投入使用。

其中大部分是應對困難挑戰的簡單策略，一部分是防守用技巧，另一部分是一般性的做法，將幫助你在所有的溝通中更有效率。每一個小技巧都應該在你的策略工具箱中佔有一席之地。

▶ 技巧 1：耶穌是我們的最佳盟友

你有沒有注意到，那些並不相信基督或聖經的人，經常引用耶穌說過（或可能根本沒有說過）的話來提出神學觀點？在這兩

種情況下，我都會提出同樣的問題：「那又怎樣？耶穌說過或沒說過這些話會有什麼影響嗎？」

當然，從某種意義上說，答案是顯而易見的：即使不是耶穌的追隨者，耶穌也有可信度。講這種話的人試圖便宜行事[1]，將耶穌納為他的盟友來加強他觀點的合法性。

這是一個聰明的舉動，我們也可以加以利用。如果耶穌對某個問題的意見很重要，那出於同樣的原因，我們應該接受他在其他事情上的建議。這個策略的一般原則是：只要有可能，就盡量把挑戰者與耶穌對立起來。

當我在國家電視辯論節目中，與新時代靈修大師狄帕克·喬布拉對峙時，這就是我的做法。喬布拉是世界上少數名字可以立即被認出的名人之一，我知道，把我的可信度與喬布拉的知名度對比是一個錯誤。我來自洛杉磯的本地人，在「喬布拉vs.科克爾」的比賽中，我馬上被比了下去。

不過，我還有另一位幫手，他擁有的火力比我們兩個都強大得多：拿撒勒的耶穌。如果我能把辯論定位為喬布拉vs.耶穌（「喬布拉博士這樣說，但耶穌那樣說」），我知道我在觀眾眼中會好得多。

> 請實行這個基本原則：讓挑戰者與耶穌對抗，而不是與你對抗。在你能做到的時候，站到一邊去，讓耶穌為自己的主張承擔責任。這確實有助於平衡天平兩端。

---

1. 我說「便宜行事」是因為這種訴求通常是由那些似乎完全不關心耶穌意見的人提出的，直到他們發現耶穌站在他們這邊為止。這看起來很像某種特殊申辯。

　　這個技巧在應對最具挑戰性的對象時特別重要，因為這正是福音的核心——耶穌是世界的救主，是唯一能夠拯救我們免受審判並恢復與天父關係的人。因此，在我們力所能及的範圍內，讓耶穌來承擔這一責任是至關重要的，因為對於任何有興趣瞭解的人來說，耶穌的觀點是非常清楚的。

　　當有人對你說「基督教的狹隘性」時，你可以聳聳肩說：「我理解你的感受，但這是耶穌的觀點，不是我的，而且他經常重複這個觀點。他親自訓練過的所有人都這麼說。你認為耶穌錯了嗎？」

　　我向一位父親建議了「耶穌是我們的盟友」的技巧，他的女兒正在參加當地的選美比賽，必然會面臨關於同性婚姻的問題——顯然是試圖通過對同性戀的態度，邊緣化任何不符合政治正確標準的人。他想知道我如何以最安全的方式回答「你對同性婚姻有什麼看法？」這個問題，同時仍然忠於基督。

　　由於耶穌說我們應該溫馴而機警，我制定了這個回答，我認為它滿足了這兩個要求：「由於我是基督的追隨者，我的婚姻觀與耶穌的觀點相同，這是他在〈馬太福音〉第19章中明確表達的。我會這樣總結：耶穌的觀點是一男一女結為一體，一生一世。因此，在婚姻定義上，我站在耶穌這邊。」[2]

　　你明白了嗎？如果在這個問題上與基督徒不一致，你就是與基督不一致。這就是在回答這種類型的問題時，應該用這種方法作為你的反應的原因。由於耶穌在大多數人心中仍然很有可信

---

2. 耶穌回答的完整經文如下：「那起初造人的，是造男造女，並且說：『因此，人要離開父母，與妻子結合，二人成為一體。』這經文你們沒有念過嗎？既然如此，夫妻不再是兩個人，而是一體的了。所以，上帝配合的，人不可分開。」（馬太福音 19:4-6）

度，把立場的責任轉到他身上，而不是你身上。

　　可能有助於你對耶穌的權威提出類似的主張：耶穌從未提到
過同性戀。請注意，這是一種將「耶穌是我們的盟友」技巧應用
於基督徒的方法。如果耶穌對同性戀、同性婚姻或性別焦慮都沒
有明確譴責，那麼基督徒又怎能譴責呢？這就是這種想法的核心。

　　根據這個挑戰，我的問題是：從記錄中耶穌對同性戀看法的
明顯沉默，我們能得出什麼樣的結論？答案很簡單：什麼結論都
沒有，完全沒有。

　　問題就在這裡，實際上，有三個層面的問題。

　　首先，記錄中耶穌對某事的沉默，和耶穌本身對此事的沉默
是有區別的。記住，絕大多數耶穌說過和做過的事都沒有被收錄
在福音書中。約翰自己也在〈約翰福音〉21章25節中承認，沒有
足夠的空間來記錄所有的事。

　　其次，這種明顯的沉默是否重要？想想看：記錄中也沒有提
到耶穌對奴隸制、死刑、家暴、性交易、種族主義、兒童虐待和
同性戀歧視等問題的觀點。我們能從這些沉默中推斷出他贊成這
些事情嗎？[3]這非常困難。

　　你看到了問題。根據耶穌明確譴責過的有限記錄，很難得出
任何關於耶穌**沒有譴責**的事情的結論。假定「耶穌一定支持他沒
有明確反對的事」是一個錯誤。

　　請注意，我說的是非常困難，而不是不可能。有時候，我們
可以通過仔細聆聽他對某一相關事物的看法，推斷出我們沒有記
錄的耶穌對某事的觀點。這一點將我們帶回到〈馬太福音〉第19

---

3. 福音書是生平記錄，並非耶穌情感的詳盡記錄。他絕大多數的倫理觀點對
　　主要信息（基督的人格和工作）並不重要。

章，以及這種方法的最後一個缺陷。

事實證明，耶穌對性的問題有強烈的信念。根據他的說法，唯一合適的性行為（「一體」）是男人和女人在一生中彼此承諾的婚姻關係中的性行為（馬太福音 19:4-6）。反之，聖經明確禁止的各種性行為形式——姦淫、淫行、同性戀和獸交——在耶穌的推理中都自動失去了資格。耶穌的一個簡單原則把它們全部排除了，非常直接。

因此，看起來耶穌間接地對同性戀、同性婚姻和性別焦慮等議題，仍有明確的看法。

抓住任何機會讓耶穌站在你這邊，讓他替你辯論。你可能需要事先安排這一點，提問：「你對耶穌有什麼看法？」大多數情況下，人們會給出正面的回答。**讓他們**把耶穌豎立為一個權威、一位偉大的老師與重要的先知、一個化身、一位心靈大師，某種形式的「基督」，然後讓他成為你的優勢。

▶ 技巧2：棍棒和石頭

我媽媽以前常說：「棍棒和石頭可能會打斷你的骨頭，但謾罵永遠不會傷害你。」你媽媽可能也告訴過你同樣的話。這是一句巧妙的格言，鼓勵我們對愚蠢的人一笑置之，忽略他們的空洞侮辱，並繼續前進。通常這是好建議。

但這並不完全準確。首先，即使我們試圖不理會這種輕蔑，謾罵仍能在情感上造成傷害。其次，當我們需要仔細思考重要問題時，貶低他人可能會成為一個分散注意力的麻煩。如果想要在重要討論中保持專注，我們需要採取行動。

這就是「棍棒和石頭」技巧的用處所在。與「面對強勢者」

策略相似，這是一種防禦性策略，旨在保護你免受某些類型的謾罵攻擊，如人身攻擊。它是怎麼運作的呢？

每當有人試圖用惡毒的中傷來讓你偏離你的觀點，無論是種族主義者、恐同者、伊斯蘭恐懼症者等，你都應該要求他們給出這些標籤的定義。這和第七章提到的技巧相似。

這些詞語的修辭力量通常很強大，你很難克服它們，除非你將它們的含義揭示出來。輕蔑性的標籤之所以成功地把你邊緣化，是因為它們的模糊性。此外，使用它們的人巧妙地改變了話題，從手邊的問題轉移到了對你的性格進行攻擊，而這與討論無關。不要上當。

要求定義有兩個優點。首先，它停止了不當攻擊的動力，讓你重新掌握了主導權。其次，它迫使對方思考他剛剛做的事情。

一旦對方解釋了他的意思，問他為什麼把這個定義用在你身上。然後問他為什麼是貶低你的性格，而不是指出你的想法錯在哪裡。這麼做是有幫助的。畢竟，嘲笑人不是一種論點。你的問題可能有助於減輕攻擊的尖銳程度。謾罵是一種明確的敵意行為，所以當你要求定義並提出後續問題時，確保要保持優雅和冷靜。

大多數人沒有意識到，當他們進行個人抹黑時，已經踏出錯誤的一步。他們被徹底地社會化，以至於不知道這種行為不僅在智力上不健全，而且極不禮貌。

▶ 技巧3：走向反對意見

下一個小技巧是我在與無神論者麥克・雪默爾進行全國性廣播辯論前，做準備時所獲得的小頓悟（一個啟示的時刻）。這是

我得到的「啟發」洞見：有時候，與其遠離反對意見，不如走向它。接受一個指控，而不是逃避它。

　　我是經由一部電影接觸到這個技巧的。在《迫切的危機》（*Clear and Present Danger*）的開場場景中，一名與總統有關聯的男子在一次失敗的毒品交易中死亡。為了控制負面輿論，總統的顧問建議他立即淡化跟該名男子的關係，與問題保持距離。

　　分析師傑克・萊恩（由哈里遜・福特飾演）提出了完全相反的建議：「如果他們問你們是不是朋友，」他建議說：「說『他是一個**很好**的朋友。』如果他們問他是不是好朋友，說『我們是一輩子的朋友』。這會讓他們無從下手。沒有什麼可以報導。沒有故事可說。」

> 不要逃避問題，而是面對它、化解它。不要迴避，而是進攻。接受它，削弱其相關性，並瓦解它的力量。在某些情況下，這是一個很好的建議。

　　我完全預料到雪默爾會向神的智慧設計的證據發出無神論者的標準回應：「如果你主張神的智慧設計，那你就得處理不完美設計的問題。」如果上帝設計了生物體，它們的設計應該是完美的。然而，顯然有些設計是有缺陷的。因此，神聖的設計者不存在。

　　如果這一點被提出來，我打算按照萊恩的建議做。我會說：「麥克，你完全是對的。如果我要為智慧的設計者辯護，那我將不得不處理這個問題。但你不會那麼輕易脫身。一個明顯的反常現象[4]並不能抹殺設計的壓倒性證據。這就像否認手錶是由設計師設計的，只因為它慢了三分鐘。你撿了芝麻，丟了西瓜。」

　　這種對神的智慧設計的質疑，並不是反對設計論的證據，而是一種用來分散對那些證據注意力的方法[5]。透過向挑戰前進，我會削弱反對意見，向廣播聽眾傳達：我意識到難題，並且沒有因此動搖。雪默爾將會「無從下手。沒有什麼可以報導。沒有故事可說」。

　　結果，在我們的辯論中，這個問題沒有被提出，但類似的問題卻出現了。雪默爾指出，如果聖經是道德的指南，那麼我就不得不選擇接受哪些聖經命令。我的回應是：「你說得沒錯，邁克爾。」我解釋說，我將不得不辛苦地對這些規則進行整理。但這對於每一個道德體系來說都是一樣的，甚至對他的也是如此。我面臨的挑戰不比他面臨的「客觀」進化道德更大[6]。我同意這個問題的存在，然後展示了它的微不足道。

　　無神論者會這樣指責基督徒：「你不信的神有很多：宙斯、朱比特、索爾。我們無神論者只比你少信一個神。」事實證明，無神論者在這一點上完全是對的，但這對他沒有好處。畢竟，無神論者與基督徒的區別在於，無神論者只是比一神論者少信一個神——這個觀察本身並不能得出任何有意義的結論。

　　感到困惑的基督徒可以簡單地說：「是的，你說得對。你比我少信一個神。這就是你是無神論者而我是基督徒的原因。我們

---

4. 許多所謂的設計缺陷，在仔細檢查後，被發現是生物體的重要功能特徵。
5. 這也是一個具有諷刺意味的神學異議：一位完美的神不會是如此糟糕的設計者，由一位試圖將神學要素排除於科學討論之外的無神論者提出。
6. 謝爾默堅持他不是相對主義者，卻堅持以相對主義的方式來建立他的道德觀——達爾文進化或社會契約理論。這兩種道德基礎完全依賴於主體，無論是進化個體還是不斷變化的社會群體，因此是主觀的——即相對的。相對主義的特徵之一是道德隨著個人或社會契約中反映出的信念變化而變化。

都已經知道了這一點。而你的觀點是什麼？」然後看著挑戰逐漸破滅。

下次有人提出一個問題或挑戰時，與其退縮，不如想一想是否有一種方法可以朝著反對意見靠近，接受它，從而化解它。以下是更多的例子：

- **挑戰1**：教會充滿了虛偽的人。
- **走向反對意見**：事實上，教會裡不僅有虛偽的人，還有比虛偽更糟糕的人—撒謊者、詐騙者、淫蕩者、通姦者、酗酒者、以自我為中心的自我主義者，各種罪人；而這就是他們需要耶穌的原因。

- **挑戰2**：新約聖經有13萬個詞，但有超過40多萬個不同的版本——充滿錯誤、差異和誤差。
- **走向反對意見**：當然有很多不同版本。當你有成千上萬的古代手抄本副本時，你就會預料到這一點。但正是有成千上萬的希臘文新約手抄本副本使我們能夠準確地重建原文，盡管有不同版本存在[7]。

- **挑戰3**：世界上有那麼多邪惡和苦難，怎麼會有上帝呢？
- **走向反對意見**：世界上當然有那麼多邪惡。如果基督教的說法是真的，這也是你所期望的。聖經不僅解釋了這一點，還預言了這一點。我們生活在一個人類破碎的世界中，一個破碎的世界會產生破碎的人和破碎的情況。

---

7. 大多數的版本是拼寫錯誤，並不影響我們有信心地重建原始文本。

- **挑戰 4：**耶穌不過是一根支撐用的拐杖，上帝也是一樣。
- **走向反對意見：**你是對的。殘障人士需要拐杖。我們需要上帝來幫助我們，支持我們，並原諒我們。

- **挑戰 5：**你的上帝在摧毀迦南人時犯下了種族滅絕的罪。
- **走向反對意見：**當然，上帝要摧毀他們。如果你目睹了他們所做的事—活活燒死數千名兒童、甚至嬰兒，獻給摩洛（Molech）做祭品—你會問：「怎麼會有一個上帝容許這些人做出如此邪惡的事？」這不是種族滅絕；這是審判[8]。

- **挑戰 6：**我不信教，但我是屬靈的。
- **走向反對意見：**你當然是屬靈的。上帝讓你成為這樣，好讓你能認識祂。

- **挑戰 7：**每個文化都有像聖經那樣的洪水故事。這只是一個神話。
- **走向反對意見：**是的，很多文化都有類似的洪水故事。這正是真正發生過「大洪水淹沒人類」這個事實的表徵。難道你認為每一個文化是剛好各自虛構出這樣的故事嗎？

- **挑戰 8：**那只是你的解釋。
- **走向反對意見：**你說得對。那確實是我的解釋。這樣吧，讓我把整段話念給你聽，然後你根據上下文告訴我，你覺

---

8. 欲了解更多，請至 www.str.org 參閱我的文章〈迦南人：種族滅絕還是審判？〉。

　　得我哪裡理解錯了，以及為什麼錯了。

　　一個唱反調者的反對意見往往是為了讓我們失去平衡，陷入困境。但有時，與其處於防衛，不如將負面轉化為正面。告訴他們，他們是對的，然後向他們展示，如果照他們的方式來看待問題，結果並不會對他們有利。幫助他們看到，從正確的角度來看，他們的控訴並不是相關的，也沒有決定性和破壞性。

　　與其躲避反對意見，不如正面迎接，這樣可以改變局勢，使對方的控訴無疾而終。

▶ 技巧4：使用替代詞語

　　這是一個簡單的溝通技巧，能讓你更有效地成為一位基督大使：注意你的用詞。我不是指避免粗俗或猥褻的詞彙（假設你已經做到這一點），而是指其他方面。

　　想想看，當你在飛機上坐下來，空服員在對乘客進行廣播時，你會注意到「空服員的噪音」嗎？我不會，大多數經驗豐富的旅客也不會。我們早已聽過這些，所以會忽視。同樣地，許多基督教的術語對外人來說也是一種宗教噪音。像「信仰」、「信念」、「聖經」、「接受耶穌」，甚至「罪惡」這樣的詞，儘管談論這些很重要，但對外人來說卻是馬耳東風、老生常談。所以對他們來說，這些宗教的「嘮叨」是沒有意義的。

　　更糟糕的是，基督教的術語可能會誤導人。「信仰」一詞尤其如此，它暗示著一種無根據的幻想，一種完全不顧理性或證據的宗教的一廂情願。當然，聖經中的原詞「pistis」（意為信仰、信心）完全不是如此，但許多人（包括基督徒）就是這樣誤解它的。

　　為了解決這個問題，我已經養成了一個習慣——找到並使用宗教術語的替代詞，使我的交談更加生動，改善我的溝通品質。

　　與其使用「聖經」或「上帝的話語」等詞語（這些都很容易被無視），不如使用「拿撒勒的耶穌」（如果你要講的是他）、「耶穌親自訓練過的人」（使徒）或「古代希伯來先知」。當然，這些替代詞的含義是相同的，但感覺完全不同。這就是重點所在。廣受尊敬的宗教人物的話語，比一本宗教書籍更容易為人接受。

　　當提到福音書時，可以試著使用「古老的傳記證據」或拿撒勒耶穌生平的「主要來源歷史文獻」。畢竟，這就是歷史學家的看法。還要注意，我一直在使用「拿撒勒的耶穌」這個詞，而不是「耶穌基督」，甚至不是更具宗教色彩的「基督」。我的詞語傳達了一個腳踏實地的、真實的歷史人物，而且，這些詞對當代聽眾來說更為新鮮。

　　我還建議你從詞彙庫中把「信仰」這個詞移除；事實上，我已經這樣做了。用「信任」來代替「信仰」，例如：「我把我的信任寄託於耶穌身上」，這是原始聖經詞彙的確切含義，並用「信念」來代替信仰的內容，例如：「這是我的基督信念——即「這是我深信不移的事」。

　　出於同樣的原因，不要談論你的「信」。這個詞容易被誤解為單純的信仰，或主觀上「對我來說很真實」的偏好，倒不如說「這是我認為真實的事」或「這是我的精神信念」（而非「宗教信念」）。

　　「非基督徒」和「未信者」仍然是有用的詞彙，但在使用它們時要小心。有時它們會微妙地傳達出一種我們與他們對立的心態。可以用「不與我們持相同觀點的人」或「與我們不同意見的人」或「不認識主的人」來代替這些詞。

　　最近，我甚至避免使用「罪惡」這個詞，不是因為我對這個話題感到膽怯，而是因為這個詞似乎已經失去了意義。取而代之的是，我談論我們對上帝犯下的「道德罪行」、我們的「叛逆行為」。與之相反的是，我放棄使用「犯了錯」和「搞砸了」這樣的詞作為罪的同義詞，因為這些詞根本無法體現我們冒犯上帝的嚴重性，最終會使我們輕忽在上帝面前的邪惡。

> 「饒恕」這個詞似乎仍然具有情感上的力量，但有時候像「赦免」、「仁慈」和「憐憫」這樣的替代詞可以給人一種新鮮感。

　　請放心，使用替代詞語沒有任何問題。聖經的翻譯始終是選擇適當的同義詞來取代原始希臘文或希伯來文的詞彙。這裡的目標不是軟化原始含義，而是用更生動、更有力、更準確的詞彙來替換宗教性的陳舊語言，為我們的觀點增添更多的力量。

　　請隨意使用我的替代詞，或者製作你自己的同義詞清單。試著找到向他人傳達你信念的務實方式（請注意，我沒有說「分享你的信仰」），這樣他們就不會對你的話充耳不聞。

　　不過，我要事先警告你：對於基督徒來說，特別是經驗豐富的基督徒和在事工中的人，打破宗教術語的習慣是非常困難的。你需要刻意努力，但付出就會得到回報，因為這將消除溝通交流的巨大障礙。擺脫那些陳舊的詞彙和口號，你的談話對象將會更認真地對待你。

　　注意你的用詞，使用替代詞語。這是我每次寫作、演講或廣播時遵循的規則。我想要找到最清晰、最引人入勝的詞彙，以解決困難或傳達真理。

➡ 技巧5：「所以呢？」的力量

　　許多懷疑者提出的挑戰，只不過是智力上的垃圾話。這些聽起來聰明的質疑具有修辭上的影響力，能有效地嚇阻對手，但它們與上帝或基督教的任何合理討論毫無關係。這正是反思和小技巧結合的黃金時刻。

　　我想教你一個簡單的三字策略。這個不起眼的詞組卻有強大的力量，能將主動權丟回懷疑者的手中。適當地使用，可以阻止挑戰者，改變局勢，並讓對方開始思考。這個短語就是：「所以呢？」

　　當你清楚地意識到（這就是反思的部分）對方對你信念的質疑並沒有打中任何有意義的目標時，就使用這個技巧。換句話說，即使我們同意這一質疑，也沒有實質性的後果。你的回答應該是同情挑戰者，然後簡單地說：「所以呢？」

　　例如，當批評者說「基督徒很愚蠢」時，我會回答：「你說得對，有些人確實是。所以呢？」確實，有很多沉悶、愚蠢、易受騙的宗教人士，但這與基督教的真實性無關。同樣地，也有很多非宗教人士很愚蠢。即使一些基督徒很愚蠢，基督教還是可以是真實的。同樣地，即使一個無神論者很聰明，無神論也可能是錯的。因此，這種批評無法得出任何結論，只是垃圾話而已。

　　再比如：「基督徒是偽君子。」我的回答是：「是的，有些是。我承認。所以呢？」教堂裡的人有各種各樣的惡習，但這並不能說明關於基督的任何事情。有些宗教人士沒有符合他們的信念，其他人只是騙子、虛偽者和欺騙者（這就是「偽君子」的含義）。因此，這種批評無法證明基督教是假的。

　　最後一個例子，我經常聽到這樣的話：「你是基督徒，是因

為你在美國長大。如果你在伊拉克長大，你就會是穆斯林。」我的回答是：「可能吧。所以呢？」即使這是真的，也不能說明基督教與伊斯蘭教的優缺點。這可能是一個有趣的文化或人類學觀察，但絲毫無法證明任何特定宗教主張的真相或錯誤。

> 每當有人指責一個觀點，卻攻擊提出觀點的人而不是觀點本身，你就知道他是不理性的。他在胡說八道。

找出某人心理狀態的缺點，並不是反駁其信仰的證據。發現宗教人士的問題，也不能說明上帝的任何訊息。原因在於：你無法通過攻擊其他事物來反駁一個觀點。

無神論者的問題很簡單：「上帝存在嗎？」如果只關注人類學、心理學或人類行為，他永遠也無法接近這個問題的答案。這些都與問題無關。任何不直接涉及這一問題的訴求都是無關緊要、不理性的干擾或轉移注意力。這些嘗試只不過是基因謬誤、心理謬誤或人身攻擊——都是不理性的錯誤，而不是深思熟慮的回應。任何提出這種論點的人都是不合理的。

因此，仔細聆聽質疑與挑戰，然後問自己，即使該主張是精確的，結論是什麼。如果你發現沒有任何實質結果，就使用這個小技巧指出它。然後觀察會發生什麼。

對方的修辭技巧可能會讓未受訓練的人感到困惑，因為他們無法看穿這些花招，但這些花招並不奏效。使用「所以呢？」這個簡單的技巧來排除胡說八道，你將會少很多無聊的事情要應對。

┌───┐

// **本章學到的功課** //

　　「微型策略」是一些簡單、不複雜的小技巧，你可以在需要時輕鬆使用它們來幫助你與他人交談。

　　「耶穌是我們的盟友」利用人們對耶穌的高度尊重，儘管他們不是他的追隨者。這個技巧的原則是盡可能將挑戰者與耶穌對立起來。讓耶穌站在你這邊，替你辯護。所以，當有人不同意你的論點時，他們實際上是在反對耶穌。

　　「棍棒和石頭」旨在削弱轉移注意力的侮辱性稱呼的修辭力量。每當有人試圖通過謾罵來轉移你的觀點，要求他們說出定義。你的問題將停止攻擊的動力，並迫使對方面對一個事實，即嘲笑並不是一個論點。

　　「走向反對意見」這個小技巧，在你認為同意一個觀點比反對它更有利時，就可以使用。有時將負面轉化為正面是可能的。如果可以，接受批評，你將使反對意見失去力量，削弱其相關性，讓評論者的攻擊失去效力。

　　「使用替代詞語」是一個通用的指導方針，提醒你從詞彙中消除基督教的術語。這些術語對非基督徒毫無意義，而且可能聽起來很煩人。宗教術語也可能具有誤導性。為了解決這個問題，使用適當的同義詞來取代宗教術語。試著找到向他人傳達你信念的務實方式，這樣他們就不會對你充耳不聞。

　　「『所以呢？』的力量」利用一個簡單的問題來質疑那些一開始聽起來令人信服，但最終與反對上帝或基督教無關的挑戰。每當有人指責一個觀點，卻攻擊提出觀點的

└───┘

人而不是觀點本身時，你可以同意他們的觀點，然後問：
「所以呢？你說的那一點，跟上帝的存在或基督教的真實
性有什麼關聯？」

CHAPTER 19

— ● —

事前多流汗，上陣少流血

　　在這本書的開頭，我做了一個承諾：我會逐步引導你，透過一個計劃，幫助你在談論你的基督信仰時能輕鬆、優雅地應對。

　　我希望提供給你必要的工具，使你與他人的交流更像是進行外交，而不是開戰。因此，我提出了一種我稱之為「大使模式」的方法。這種方法以友好的好奇心為基礎，而不是對抗。然後，我向你介紹了一些有效的溝通策略，幫助你在對話中順利前行。

　　我盡力履行我的承諾。然而，僅僅閱讀這本書並不能保證你的對話會有任何不同。從這裡開始，你需要自己做出決定。我現在想談談你的下一步。

　　當我年輕的時候，我曾是越戰時期的陸軍後備役。如果現在我要加入軍隊，我想我會選擇海軍陸戰隊。海軍陸戰隊有兩件事給我留下了深刻印象。

第一件事是美國海軍陸戰隊的座右銘「Semper Fi」，這是「semper fidelis」的縮寫，意為「永遠忠誠」。

第二件事是我從一位在士官候選人學校接受艱苦訓練時學到的一句格言。每次我準備與一個致力於擊敗我信念的對手進行公開交鋒時，這句格言都會在我腦海中浮現：「你在訓練中流的汗水越多，在戰鬥中流的血就越少。」

我想以一些建議來結束這本書，這些建議將幫助你多流汗、少流血，從而讓你始終忠於你眼前的任務。

首先，我想提供八個我在一個夏日度假回家時，從一次對話中獲得的啟發。接下來，我會解釋如何建立一個有共同信念、重視心靈生活的「基督大使」小團體。最後，我想與你分享一些關於敵意反對的重要性，以及我從兩位挨家挨戶傳教的傳教士那裡學到的教訓。

▶ 八個快速提示

在一次從中西部返回的航班上，我聽見坐在我後方的一位基督徒熱情地向兩側的乘客分享他的信仰。我為他的熱忱感到高興（我和我的妻子也為他祈禱），他提出了一些不錯的觀點，但他的一些策略令人質疑。以下是我從這次經驗中學到的事，或許能讓你在傳福音時更有效率。

首先，要有準備。這位基督徒顯然意識到他有機會為基督作見證。坐在兩位乘客之間，他有近四個小時的時間與他們交談，他決心充分利用這個機會。

儘管你不需要像他那樣竭盡所能、抓緊每一次會面，但你至少應該嘗試看看對方是否有興趣。好的基督大使總是警覺，隨時

準備抓住每個神聖約會的相遇。

其次，保持簡單。在分享福音時，這位基督徒從地球創造論談到末日降臨，讓人難以理解這一切，從而難以理解耶穌。基督的基本福音已經很具挑戰性了，你通常會遇到一些障礙，但如果聽眾感興趣，為何要用與救恩無關的爭議性話題來把問題複雜化呢？記住，你想在他心中放一顆小石子，而不是一堆岩石。如果不必要的問題沒有出現在對話中，就不要提及它們。

第三，避免使用宗教用語。這位弟兄的對話充滿了宗教術語和姿態，讓人覺得他是個基本教義派。即使這是他的真心話，外人聽起來也會覺得怪怪的，像「得救」、「蒙福」、「遮蓋」、「信耶穌為救主」。這些詞對你很有意義，但對其他人來說卻是宗教性的陳腔濫調。

試著用新鮮的方式來描述古老的真理信息[1]。例如，使用「信任」代替「信仰」，用「耶穌的追隨者」代替「基督徒」。避免說「聖經」，而是引用「古代猶太先知」（舊約）、「拿撒勒的耶穌」（福音書）或「那些耶穌訓練來傳達他信息的人」（新約的其他部分）。

盡量避免宗教上的刻意言行。即使一個人被基督吸引，他也可能不願加入一個讓他覺得奇怪的團體。不要讓你的風格妨礙你的訊息。

第四，專注於基督宗教的真理，而不僅僅是個人的好處。我欣賞這位弟兄對真理的關注，而不僅是經驗。當他的一位同座乘客表示喜歡轉世這個說法時，這位弟兄指出，喜歡轉世並不意味

---

1. 你可以在 www.str.org 的「注意你的言詞」（Watch Your Language）文章中找到更多有用的詞語範例。

著它是真實的。事實很重要。專注於耶穌的真理，而不是主觀的呼籲，這為他的訊息賦予了堅實的基礎。

第五，提供理由。這位弟兄明白，如果不給出充分的理由，主張是無效的。他隨時準備提供支持，表明他的主張並非無足輕重。耶穌、保羅、彼得、約翰和所有先知都是這樣做的。即使在相對主義的時代，人們仍然關心理由。

第六，保持冷靜，不要生氣、沮喪或惱怒。保持冷靜很重要，這位弟兄在整個過程中都保持冷靜。他越冷靜，就越顯得自信；他顯得越自信，說服力就越強。

第七，如果對方想離開，就讓他們離開。當你感覺到對方在尋找退出對話的機會時，稍微退一步。興趣消退的跡象（游移的眼神、困惑的神情、瞄向門口的目光）表明他可能不想再聽你說話了。不要強迫對話，讓交流自然結束。記住，你不需要在每次相遇中都達成目標。上帝掌握一切，祂會派下一位大使來繼續你留下的工作。每當對話變成你的獨白，就是放手的時候了。

第八，不要讓他們空手而回。如果可能，給對方一個具體的東西來跟進你的話題。我們的朋友帶了一些傳單、小冊子和基督教書籍，可以讓人帶走、繼續思考。你可以提供你的名片、一個基督教網站（例如 www.str.org）或一些閱讀資料。一本〈約翰福音〉是個不錯的選擇，它小巧、便宜，而且聚焦於基督。將它作為禮物贈送，並建議：「讓耶穌為自己說話可能是最好的。」

這八個想法能幫助你克服成為基督大使所面臨的障礙。它們會使其他人更容易專注於你的訊息，而不被你的方法干擾。諷刺的是，當我們的方法熟練時，它就會淡出人們的視線。但當我們的方法笨拙或令人反感時，它就成了焦點，而不是我們想要傳達的真理。

▶ 點燃你身邊的乾柴薪

想要成為更好的基督大使，另一個關鍵是與你周圍的人互動。你可能發現這本書為你開啟了一個全新的屬靈世界，讓你急於探索。這令人振奮，但如果你的基督徒朋友沒有同樣的頓悟，這也可能令人沮喪。不過，有解決辦法。

不久前，我與七位看似普通的女性共度了一整天，她們贏得了我的注意、尊重和讚賞。她們並不是哲學家、神學家、作家或業界領袖，大多數人是忙於接送孩子、洗衣和照顧疲憊丈夫的母親和家庭主婦。

每隔一段時間，她們會聚在一起，帶著聖經和學習資料，在一個稱為「貝瑞亞婦女」（Women of Berea）的團體中進行研究。她們的主要目的不是禱告或團契，儘管這些活動也會發生。她們的目標是學習和討論，讓自己在關鍵問題上進行深入思考。

當有人問我如何讓他們的教會或基督徒朋友對「用心靈去愛上帝」感興趣時，我給出一個簡單的建議，這些女性都明白：你不能用濕木頭點火，你必須從乾柴薪開始。

> 幾乎在每個教會中，都有弟兄姐妹與你有同樣的渴望，但尚未分享你的發現。他們感到不滿足，渴望更有內容的事物，但不知道該找誰協助。這些人就是你的乾柴薪。

不要立即以改變教會為目標。首先，找到志同道合的人。收集乾柴，點燃火花，讓火焰燃起。與一群重視用頭腦尋求上帝的信徒一起，燃起一把小火。一旦火被點燃，如果周圍的一些濕木材也開始變乾、甚至開始燃燒，不要感到驚訝。

　　承諾定期聚會：每週、每兩週或每月，只要符合大家的時間表。小組成員的聚會可以是短期的，針對某個特定的研究主題；也可以是長期的，類似於魯益師與托爾金等人在「墨水匠」小組中的友誼，這取決於你的需求。

　　國際監獄福音團契創辦人查克・科爾森（Chuck Colson）說：「文化最深遠的改變，不是由巨大機構的努力所造成的，而是由個人推動的。」[2]英國政治家愛德蒙・伯克（Edmund Burke）稱他們為「小團體」，這是一群普通人，通過腳踏實地的行動產生影響。

　　定期聚會，在一段有限、但明確的時間內，研究特定主題。在團體中，你們可以聽錄音講座、討論一本書，或評論在網路上找到的影片。你們可以模擬不同意見，使用從這本書中學到的策略，或是針對在脫口秀節目中聽到、在讀者來信中看到的觀點，共同努力構建一個明智、有理性的回應。鼓勵彼此走出舒適圈，應用所學的知識。

　　你的小組可以成為教會中影響其他人的催化劑，成為基督徒朋友在有問題時求助的重要資源。「貝瑞亞婦女」很快就開始在她們周圍產生影響，通過成為好的基督大使，使周圍的濕木頭變乾、甚至燃燒。要在小組之外發揮效力的關鍵，是保持可見度、追求卓越，並保持良好的態度。這不是炫耀的時刻，而是實用的時刻。

　　記住，要尋找志同道合的人——有相同精神的人。這樣的人比你想像的多，只需要找到他們。你可以成為在教會中點燃振奮烈火的引火者，只要你願意主動引導其他人追求有思想、有智慧的信仰。

---

2. Chuck Colson, Kingdoms in Conflict (Grand Rapids: Zondervan, 1987), 255.

➡ 鼓勵對立的意見

我們的追求一部分涉及某種形式的脆弱。我們都不希望自己的觀點被證明是錯的，尤其是那些我們最珍視的想法，無論我們站在哪一邊。然而，如果我們希望培養一種知識完備的信仰，就需要意識到自己強大的意識形態自我保護本能。

這種本能是如此強烈，以至於我們有時會受到誘惑，用知識的防線圍堵我們的觀念，並防衛任何對我們信念的挑戰，即使是最輕微的。然而，這種策略只提供了一種虛假的安全感。相反的方法則提供了更多的安全。我們不應該躲在堡壘後面保護自己免受攻擊，而應該鼓勵對立意見的批評。

在學術圈中，這被稱為同儕審查。哲學家、科學家和神學家在專業論壇上發表他們的想法並徵求批評。他們透過將想法提交給有可能持不同意見的人，來測試他們思想的價值。

幾年前，我參加了一個為期三天的會議，名為「設計及其批評者」。神的智慧設計運動中的頂尖思想家聚集在一起陳述他們的觀點。但他們並不孤單，他們還邀請了該國頂尖的達爾文主義思想家來聽取他們的想法，並提出最佳論點。這是我見過最令人振奮、在思想上最誠實的交流之一。

> 同儕審查建立在一個堅實的概念上。如果我們的想法被熟悉事實的人輕易摧毀，它就應該被丟棄。但如果我們的想法是正確的，它就不會輕易被顛覆。在這個過程中，我們將瞭解對方知道的事情。我們甚至可能會對他們的反對理由有多薄弱而感到驚訝。

　　有一天，我出乎意料地學到了這一課。那天我在書房為一個廣播節目做準備，突然聽到有人敲門。當我應門時，兩個中年婦女友好地對我微笑，手裡拿著大量的世界末日的文獻。她們問我是否想看看她們的資料。

　　門口有兩個人，但只有前面的那位（敲門的那位）說話。第二位則靜靜地站在後面，觀察著。這是耶和華見證人的典型行動方式，通常是一位經驗豐富的見證人帶著一位新手門徒。新手進行初次接觸，而導師在背後保持警惕，隨時準備支援。

　　我知道這次相遇會很短暫。首先，我的時間有限，因為我必須離開、前往廣播錄音室。其次，這類挨家挨戶的傳教士通常不會在已具有聖經知識的人身上花太多時間。我知道一旦我表明我的立場，她們就會迅速離開，尋找更容易的目標。然而，我仍然不想讓訪客空手而回。

　　「我是基督徒。」我開口說。我把話對準那位年輕的新人信徒，她受到的影響較少，可能更願意接受其他觀點。

　　「顯然，我們之前存在一些分歧，包括耶穌身分這個重要問題。根據〈約翰福音〉1章3節的教導，我相信耶穌是未經造物的造物主；這使他成為神。」[3]

　　提到基督的神性就足以引起後面那位守衛的行動。站在陰影中的婦女第一次開口說話。老實說，我並沒有為她的回應做好準備。

　　「你有權利表達你的觀點，我們也有權利表達我們的觀點。」她這樣說。沒有提問，沒有挑戰，沒有神學反駁。這是一種拒

---

3. 基於〈約翰福音〉1章3節的不可爭辯的聖經論點，證明基督的神格，詳情請參閱網址 www.str.org 上的文章「基督的神性：蓋棺論定」（Deity of Christ: Case Closed）。

絕，而不是回應。她轉身向下一間房子走去，那位新生緊跟其後，尋找更容易的目標。

我四處張望，想說些什麼可以延緩她們的撤退。「你的觀點也有可能是錯誤的，」我不假思索地說出，但這種反擊沒有產生效果。我承認這是一個糟糕的回應，但這是我當時能想到的全部。「顯然，我們兩個都不能同時正確。」我補充道，試圖修補這個裂痕，「即使我們都有權利表達自己的觀點。」

我希望能得到某種反應、某種參與，但我的挑戰沒有得到答覆。當她們沿著人行道前進時，我發出了最後的砲火，徒勞地希望得到回應：「顯然，你們對於聽取其他觀點不感興趣。」

然後她們就走了。

▶ 怯戰的傳教士

接下來的幾分鐘，我腦海中湧現出許多問題。我是否採取了正確的方法？（顯然不是）不同的方式是否會更有效？（可能是）我所說的任何話是否留下了良好的印象？（不太可能）我是否種下了一點懷疑的種子，或者在她們的思想中引起了任何反思？（很難說）

儘管我可能永遠無法得到這些問題的答案，但這次會面仍然是一個有教育意義的經歷。讓我們來看看這次簡短交流中的一些關鍵點。

首先，當這兩位傳教士遇到一位具有聖經知識的人時，她們做了什麼？當我提到我的背景，簡要概述了一個直擊她們最珍貴教義核心的論點時，她們的第一反應是什麼？她們退縮、退出、逃跑了。這裡有什麼問題？

　　如果你相信你手中的藥物能拯救一個垂死病人的生命，你會轉身離開嗎？這就像一位挨家挨戶的傳教士，若他真心相信自己的使命是拯救世界，卻在第一個反對跡象出現時就逃跑，這不是很奇怪嗎？這些耶和華見證人的傳教士在一場爭奪靈魂的爭戰中，竟然在第一聲槍響時就逃跑了。

　　這次經歷教會我三件事，也是對我的教訓。首先，她們對自己的訊息不夠自信。如果傳遞訊息的使者自己不願意舉一根手指來捍衛它，我為什麼要花一分鐘去思考她們所謂的上帝訊息呢？如果一個士兵在遇到第一次阻礙時就撤退，我為什麼要尊重他的事業？

　　其次，這些傳教士可能對我的救贖並不感興趣。如果她們真的在意拯救我的靈魂，她們的第一反應應該是瞭解我的想法和原因（我們的溝通策略的前兩個步驟），然後試圖糾正她們認為危險的錯誤神學。這不就是她們挨家挨戶的目的嗎？去向迷失的人見證，告訴他們她們所理解的上帝的真理。然而，她們甚至沒有聽取我的觀點，更不用說試圖糾正我的錯誤。這告訴我，她們對我的永恆命運並不十分在乎。

　　第三，她們並未認真對待真理的問題。傳福音是一項說服的事業，那位傳教士認為她的觀點是真實的，而反對的觀點是假的。她也認為這種差異很重要，這就是為什麼她試圖改變其他人的想法。跟隨真理，你贏；跟隨謊言，你輸，確實如此。

　　對真理的承諾——與對組織的承諾相反——意味著對自己的觀點持開放態度。這意味著增加對真理理解的準確性，並願意在思想上接受糾正。一個挑戰者可能是福不是禍，變成一個盟友而不是敵人。因此，一個堅信自己觀點的傳教士應該願意接受對她最好的論點進行辯論。

接下來可能會發生以下兩種情況之一：一是她可能會發現對她觀點的一些異議是正確的。這樣的反駁將幫助她調整和糾正自己的思想，提高對真理的認識。二是她的立場確實站得住腳。應對最艱難的挑戰，將加強她的見證和對自己信仰的信心。

▶ 前進火線的勇氣

這裡有一個主要重點：不要因遇到反對就退縮，損失太大了。要成為那種因面對挑戰而贏得他人尊重的士兵。在反對者面前陳述你的立場，拋出你的挑戰，看看對方如何回應。這是確立你立場並幫助你長期培養堅不可摧信仰的最有效方式之一。

如果你的聽眾有時似乎佔上風，不要失去信心。這種情況遲早會發生在我們每個人身上。有一個簡單的原因可以解釋為什麼我們有時感到被粗魯對待或被忽視，也有一個簡單的原因可以解決為什麼得分板上經常寫著「獅子10分，基督徒0分」。耶穌早已警告我們：「學生不高過老師，奴僕不高過主人……如果一家的主人被叫作鬼王別西卜，家裡其他的人豈不是要受更大的凌辱嗎？」（馬太福音10:24-25）

這就是我們的救主受到的待遇，也是他預言我們的命運。因此，我們不應該期望公平的待遇，也不應該在沒獲得公平待遇時抱怨。我們不能扮演受害者的角色，這是對基督的不忠。英國宣教士奧斯‧金（Os Guinness）寫道：「基督的追隨者有時會因受傷和遭到羞辱而退縮，但這是十字架之道的代價……我們有一位至高無上的上帝作為我們的父親，我們不是受害者，也不是少數。」[4]

這就是為什麼耶穌在結束他的談話時說：「不要怕他們，

因為掩蓋的事沒有不顯露出來的，隱藏的事也沒有不被知道的。」（馬太福音 10:26）他重複了這句話三次（26、28、31 節），強調不要害怕。耶穌與我們同在，他承諾最終的審判日會來臨。正如人們所說：「正義會來臨，有一天他們都會感受到。」

即使最終的勝利不應該是我們當前關心的重點，如果你想知道我如何應對挫折，可以考慮前美國大使艾倫・凱斯（Alan Keys）多年來一直掛在我書房裡的一句話：「我們不用算計勝利，也不應該害怕失敗，而是履行我們的職責，將其餘的事情留給上帝。」

作為基督的大使，我們以對基督的忠誠和順服來衡量我們的合法性，只有基督才能帶來增長。我們成功的最重要標準不是教會的人數，甚至不是我們的影響力，而是對我們救主的忠誠。

忠誠的契機可能是門前的推銷員、行的偶然相遇、飛機上的隨意對話，或者餐廳中與服務生的聊天。它可以發生在任何地方、任何時候。如果你運用正確的策略，在上帝的幫助下，一個迷失和困惑的人會看到的將不只是人生的問題，還有解決方案——耶穌基督。你需要提前回答的問題是：「當上帝打開那扇門時，我是否準備好了？」

研究書中的這些策略，瞭解它們在不同情況下如何幫助你。如果你將它們付諸實踐，它們將在你需要時為你服務。記住，如果你不這樣做，它們就不起作用。

瞭解真理。足夠瞭解你的聖經，以便給出準確的答案。溝通策略不是知識的替代品，沒有真理的聰明就只是操弄。

走出舒適圈。在你感到準備充分之前，就開始與他人來往。

---

4. Os Guinness and John Seel, *No God but God* (Chicago: Moody Press, 1992), 91

通過實踐你的溝通策略來學習,即使你一開始可能會有些失誤,這是學習的一部分。在這個過程中,你將發現對方能提供的東西通常不是很多。

不要被外表所困擾。不要落入陷阱,試圖用立即可見的結果來評估你的交談效果。即使一個人拒絕了你說的話,你也可能已經在他心中留下了一顆小石子。這些事情需要時間。請記住,收割通常在下一季。

最後,要活出良好的基督大使的美德。以有魅力和吸引力的方式為基督作見證。你——上帝的代表——是讓王國有所不同的關鍵。向世界展示基督宗教是值得考慮的。

在上帝的幫助下,出發吧,把天堂帶去給他們。

➡ 基督大使的十項信條

一位基督的大使應該是:

- **準備好的:**一位大使時刻警覺任何代表基督的機會,不會逃避挑戰或機會。
- **耐心的:**一位大使不會爭吵,而是會傾聽並理解對方的觀點,然後以溫和且尊重的方式與持不同意見的人交流。
- **理性的:**一位大使擁有豐富的知識(而不僅僅是感覺),提出理由,發問並積極尋求答案,面對挑戰時不會束手無策。
- **有策略的:**一位大使能夠適應不同的人和情況,以智慧靈活地應對,挑戰不正確的思維,並以簡明和引人注目的方式呈現真理。
- **清晰的:**一位大使謹慎使用語言,不依賴基督教術語,也

不會藉由空洞的辭藻獲得不公平的優勢。

- **公平的**：一位大使對他人富有同情心和理解力，能夠承認對立觀點的優點。
- **誠實的**：一位大使對事實謹慎處理，不會歪曲他人的觀點、過分陳述自己的立場，或低估福音的要求。
- **謙虛的**：一位大使對於自身主張保持開放態度，知道自己對真理的理解可能有缺陷，不會超出自己辯護的範圍。
- **吸引人的**：一位大使將以優雅、善良和良好的禮貌行事，不會在行為上辱沒基督。
- **依賴上帝**：一位大使明白，他的努力需要與上帝的力量相結合，才能達到最佳效果。

謝辭
∙∙∙∙∙∙∙

感謝許多人的幫助，使這本書的理念得以形成，並幫助我向他人解釋這些理念。

我要感謝福音平台「站在真理這邊」（Stand to Reason）的傑出團隊，他們不僅挑戰我、給予我許多建議，還在多年來對這本書的理念產生了重大影響。此外，廣播節目近三十年的聽眾也幫助我磨練了溝通策略的技巧，讓我能更清晰地表達和傳達複雜的觀念。

儘管手稿的內容出自我手，但在用詞方面我得到了很多幫助。我要感謝南西・烏里奇（Nancy Ulrich），她對寫作有著敏銳的嗅覺，總能指出潛在的改進空間；感謝艾咪・霍爾（Amy Hall）對結構、流暢度和智識清晰度的深思熟慮，她的意見使內容更具條理和說服力；還有福音證主協會（Christian Communicator）的蘇珊・奧茲本（Susan Osborn），她為手稿提供了專業的潤色和建議，使其更加完美。

我的經紀人馬克・斯溫尼（Mark Sweeney）在出版這條崎嶇的道路上，為我提供了平滑的過渡和無盡的支持。他在需要這些才能的時候，不僅是一位出色的測試者和啦啦隊，還是我的支持者和鼓勵者。我特別感謝「站在真理這邊」的聯合創始人、多才多藝的梅琳達・潘奈（Melinda Penner）。她擅長各種事務，不僅

使我整個職業生涯得以實現，還穩定了我個人生活的很大部分，成為我不可或缺的後盾。

最後也是最重要的，我要感謝我最有耐心、最堅強的妻子史蒂絲·安妮（Steese Annie）。她開朗的性格對我來說有如良藥，她的耐心和慈悲每天都是我得到恩典的泉源，讓我能夠持續前進。

這本書中的許多理念首次出現在「站在真理這邊」的雙月刊通訊「Solid Ground」中，如果你有興趣，可以在這裡獲得更多資訊：www.str.org。

國家圖書館出版品預行編目資料

這樣說，跟誰都能聊信仰：不冷場、不對抗、不尷尬，聰明又友善的
　溝通法則 / 格雷戈里.科克爾(Gregory Koukl)著 ; 陳建宏譯. -- 初版. --
　臺北市 : 啟示出版 : 英屬蓋曼群島商家庭傳媒股份有限公司城邦分
　公司發行, 2024.07
　面 ;　公分. -- (Talent系列 ; 61)

譯自 : Tactics : a game plan for discussing your Christian convictions.

ISBN 978-626-7257-47-0 (平裝)

1.CST: 教牧學 2.CST: 基督教

245.2　　　　　　　　　　　　　　　　　　　113009331

線上版讀者回函卡

Talent系列61

這樣說，跟誰都能聊信仰：不冷場、不對抗、不尷尬，聰明又友善的溝通法則

作　　　　者／	格雷戈里‧科克爾 Gregory Koukl
企畫選書人／	周品淳
總　編　輯／	彭之琬
責 任 編 輯／	周品淳

版　　　　權／	吳亭儀、江欣瑜
行 銷 業 務／	周佑潔、周佳葳、林詩富、吳藝佳
總　經　理／	彭之琬
事業群總經理／	黃淑貞
發　行　人／	何飛鵬
法 律 顧 問／	元禾法律事務所王子文律師
出　　　　版／	啟示出版

　　　　　　　台北市南港區昆陽街 16 號 4 樓
　　　　　　　電話：(02) 25007008　傳真：(02)25007759
　　　　　　　E-mail:bwp.service@cite.com.tw

發　　　　行／	英屬蓋曼群島商家庭傳媒股份有限公司城邦分公司

　　　　　　　台北市南港區昆陽街 16 號 8 樓
　　　　　　　書虫客服服務專線：02-25007718；25007719
　　　　　　　服務時間：週一至週五上午09:30-12:00；下午13:30-17:00
　　　　　　　24小時傳真專線：02-25001990；25001991
　　　　　　　劃撥帳號：19863813；戶名：書虫股份有限公司
　　　　　　　讀者服務信箱：service@readingclub.com.tw
　　　　　　　城邦讀書花園：www.cite.com.tw

香港發行所／	城邦（香港）出版集團有限公司

　　　　　　　香港九龍土瓜灣土瓜灣道86號順聯工業大廈6樓A室
　　　　　　　電話：(852)25086231　傳真：(852)25789337　E-MAIL : hkcite@biznetvigator.com

馬新發行所／	城邦（馬新）出版集團【Cite (M) Sdn Bhd】

　　　　　　　41, Jalan Radin Anum, Bandar Baru Sri Petaling, 57000 Kuala Lumpur, Malaysia.
　　　　　　　電話：(603) 90578822　傳真：(603) 90576622
　　　　　　　Email: cite@cite.com.my

封 面 設 計／	李東記
排　　　　版／	芯澤有限公司
印　　　　刷／	韋懋印刷事業有限公司

■2024 年 7 月 16 日初版

Printed in Taiwan

定價450元

Tactics: 10th Anniversary Edition
Copyright ©2009, 2019 by Gregory Koukl
Complex Chinese translation copyright©2024 by Apocalypse Press, a division of Cite Publishing Ltd.
All Rights Reserved.

城邦讀書花園
www.cite.com.tw